Barbara Bonomi Romagnoli

Irriverenti e libere

Femminismi nel nuovo millennio

editoria3.0

II edizione: agosto 2016

w·ipub
editoria.it

ISBN: 978-1536991512

Editing: Francesca Carbone
Realizzazione grafica: Stefania Spanò
Realizzazione editoriale: Olimpia D'Accunto

www.wipub.it

Indice

Prefazione *di Lidia Campagnano*   9

I femminismi che non fanno notizia   13

1. Le Lucciole non si perdono (2000)   25

2. Dieci anni di Punto G (2001-2011)   33

3. Esprimi un desiderio al Sexyshock (2001)   47

4. La disobbedienza ha le zinne (2002)   54

5. In costante equilibrio precario (2003)   65

6. Il manuale delle galline ribelli (2004)   75

7. Facciamo Breccia per dire No Vat! (2005)   83

8. Alla conquista dello spazio e della Rete (2006)   91

9. Le Sommosse turbolente (2007-2008)   98

10. Forse sei una Lady e ancora non lo sai (2008)   112

11. Le giacche lilla non hanno confini (2009)   120

12. Cara Veronica, care tutte... vi scrivo (2009)   127

13. Il femminismo sarà TransFemminista o non sarà... (2010)   139

14. L'insistenza delle TerreMutate (2010)   147

15. Sì, siamo femministe (2011)   156

16. Lo sguardo ecofemminista sulla terra (2012)   167

17. L'erotismo dei desideri compiuti (2013)   179

18. Lo Sciopero delle donne (2013)   189

19. Il futuro. Tessere trame fra native e migranti   200

Conclusioni   213

Ringraziamenti   217

Letture consigliate   219

A Carla
a Patrizio
ai libri persi e poi ritrovati

Prefazione

Nei giorni in cui questo libro era in bozze, Ornella Vanoni pubblicizzava un suo tour dal titolo *Un filo di trucco, un filo di tacco* e aggiungeva: forse anche un filo di perle. Era lo stile raccomandato da certe madri alle figlie negli anni del boom economico, è stata l'icona fatta a pezzi dal Sessantotto e poi dal femminismo. Che l'abbigliamento non sia mai solo questione di abbigliamento lo si è capito da tempo, o da sempre. Quello stile era una collocazione sociale precisa, un ruolo sessuale rigido e un richiamo erotico che negava se stesso mentre invitava ogni eventuale partner a farsi marito o a sparire. Ma oggi raccomandano qualcosa, le madri, alle figlie che escono? E se sì, che cosa?

La risposta richiederebbe una seria inchiesta, ma è dubbio che le madri abbiano, oggi, molto da dire sull'argomento, sullo stile, sul femminile raccomandabile: o forse le madri sufficientemente buone sono anche incerte. E con ciò si afferma già quanto sia problematico, se non inutile, ricostruire ideali genealogie femministe (meno che mai a partire da quelle propriamente familiari). Potremmo scoprire che non esiste nessuna genealogia, o che la genealogia è un retaggio culturale perduto e forse per questo, a volte, enfatizzato. Meglio guardare, lasciarsi stupire, farsi colpire dal disordine, dalla contraddittorietà, dallo spezzatino culturale che alimenta le parole e gli atti delle donne raccontate da Barbara Bonomi Romagnoli con affettuosa partecipazione e pochi giudizi. Perché quel disordine, quello spezzatino forse parla di una sopravvivenza-resistenza come controcanto all'epoca minacciata dal pensiero unico – ammesso che ancora si possa parlare di pensiero.

E se, da un lato, le loro parole spiegano e indicano l'enormità di un dissesto sociale, morale, politico, dall'altro incarnano la tenacia con la quale una parte di umanità, sempre, insiste nel volersi cercare, nel volersi plasmare, nel voler *scegliere lo stile di vita* in libertà, pensandolo, contro venti e maree. Una parte dell'umanità che da qualche decennio è soprattutto composta di donne.

Il cui continuo mettersi in movimento ci avverte che la questione delle relazioni sessuali e sentimentali, la questione dei rapporti tra gli uomini e le donne, la questione della vita personale e interpersonale come ambito di scelte e di valori socialmente e politicamente importanti, non si è mai più richiusa. Questione cruciale, dato che tratta nientemeno che della convivenza umana dalle sue radici, e però questione abbandonata o sciattamente e marginalmente trattata dalla politica, con esiti, voluti o meno, inquietanti: le religioni riprendono spazi, diciamo così, di potere temporale riempiendo il vuoto con la propria legge morale, mentre il senso comune pare indulgere a una posizione bene esemplificata da un recente spot pubblicitario nel quale una donna si chiede fuggevolmente che cosa ci sia nell'Universo, ma subito ci comunica che le grandi domande oggi sono mutate, e piuttosto vale la pena di chiedersi perché pagare quando si preleva denaro col bancomat.

Non così intendono ridursi le donne in movimento del nuovo secolo che invece sembrano aver raccolto l'eredità di una pretesa, quella di cambiare nientemeno che la vita di tutte e tutti "a partire da sé". Non certo nel senso della creazione della "donna nuova" o dell'"uomo nuovo", come recitava la tradizione rivoluzionaria che ha sempre voluto adeguare, o almeno armonizzare, la singola o il singolo a un nuovo orizzonte collettivo di valori. Nemmeno i gruppi più contrassegnati da un rifiuto globale del sistema socioeconomico dominante sono orientati in questo senso. Al contrario: c'è una parola che ricorre un po' ovunque, ed è la parola desiderio, come a dire che niente, nemmeno la più severa percezione del disastro neoliberista

8

può indurre a metter da parte la libera sperimentazione di sé, o del proprio gruppo amicale-politico, in stili, comportamenti, linguaggi alternativi, critici, beffardi, massimamente *diversificati*. La libertà è l'arma che respinge l'eventuale imposizione di vecchi e nuovi ruoli sociali e di icone dell'adattamento personale. Ma è anche un tentativo di strappare una qualche possibilità di progettarsi in un mondo che sembra chiedere soltanto infinita flessibilità e infinita precarietà. Un mondo che ha fatto il deserto dove abitavano diritti, cioè umane certezze.

E qui si intravede, tra le brume di una perdita di memoria collettiva crescente nella nostra società, il tratto di corso storico che sembra aver molto contribuito alla fisionomia di queste generazioni femminili. Molte di queste donne hanno vissuto all'interno di gruppi di protesta e di lotta, come si suol dire, misti: contro le guerre, contro il razzismo e lo sfruttamento delle persone immigrate, contro la globalizzazione liberista. E per la verità ne hanno costituito la parte più attiva. Hanno dunque patito anche le sconfitte, e i traumi, uno dei quali per più versi irreparabile: a Genova nel luglio del 2001, quando le forze dell'ordine si scatenarono in un interminabile orrore sui cui esiti, specie sui ragazzini e le ragazzine di allora, non si mediterà mai abbastanza. In ogni caso hanno visto – e lo dicono – la decadenza di una parte politica, la sinistra, i cui valori fondativi di eguaglianza e giustizia sociale, promozione umana e culturale, sono stati profondamente sentiti, rielaborati e fatti propri.

È lecito interrogarsi sulle conseguenze di questo vissuto nelle scelte politiche e personali, e, per la verità, non solo per quanto riguarda le donne in questione: è lecito, ma non è facile. Perché non esistono spazi pubblici sufficienti né stimoli, provocazioni, domande collettive sufficientemente durature da incoraggiare questa riflessione che è politica, nel senso che pretende di proiettare davvero l'esperienza personale e singolare su un orizzonte molto vasto, tanto passato quanto futuro. Come si vedrà leggendo le pagine che seguono, qualche tentativo in questo senso lo si fa, e lo si fa prevalentemente tra donne o per loro iniziativa. Ma tutto ciò che si tenta è frutto di aggregati piccoli e volatili, la quantità di "scioglimenti", alla fine di un'impresa a volte anche notevole, come una grande manifestazione, o dopo una performance culturalmente rilevante e innovativa, non si contano. E portano tutti il segno della prudenza: mai (o quasi mai) contare su un associarsi politico permanente, più capace di accumulazione, stratificazione e diffusione. Anche un'assemblea è rischiosa in questo senso.

Per ora. Perché stiamo parlando di un quadro in continuo mutamento ed è difficile resistere alla tentazione di evocare gli scavi della famosa vecchia talpa, traducendola nell'immagine di una miriade di giovani talpe. Le quali a volte inforcano gli occhiali e si dedicano alla documentazione di ciò che fanno, di ciò che avviene, di ciò che passa sull'orizzonte. Così che le esperienze non vadano perdute, che servano da bagaglio, leggero quanto si voglia, per transitare in un'epoca più promettente. Ed è il caso di questo libro e del suo messaggio pronunciato con voce gentile, questo messaggio: che occorre rispetto per capire la realtà, che il rispetto è una qualità culturale fondamentale per la ricerca, che il rispetto oggi è rivoluzionario.

Lidia Campagnano

I femminismi che non fanno notizia

«E viene il dubbio che non esista davvero,
segreta, misterica, al massimo grado esoterica,
una "Società delle Estranee" – quella che
nel suo pamphlet Virginia si riprometteva di fondare.
Aveva ragione, c'erano, ci sono,
donne che ragionavano e ragionano
diversamente dagli uomini».

Nadia Fusini[1]

Ci sono stati momenti nella storia recente dell'umanità in cui l'attenzione, ansiosa e ossessiva, è stata tutta rivolta al Millenium bug, a quel baco che avrebbe potuto devastare computer e ingranaggi, vanificare il lavoro di anni, rendere tutti noi vulnerabili.

È stata, nel passaggio di millennio, la paura profetica di futuri Assange[2], la ragionevole preoccupazione nel vedere le relazioni umane modificate dalla diffusione di massa della posta elettronica e dei social network, ma anche il timore per le nostre vite e i nostri corpi travolti dalle tecnologie.

---

1   Nadia Fusini è una saggista, traduttrice e scrittrice italiana. L'autrice si riferisce a Virginia Woolf, scrittrice e attivista per la parità fra i sessi, una delle voci più autorevoli della letteratura inglese del xx secolo. Cfr. in N. Fusini, *Hannah e le altre*, Einaudi, Torino 2013.

2   Julian Paul Assange, giornalista e attivista australiano, è diventato famoso per aver fondato insieme ad altri nel 2007 Wikileaks (letteralmente significa "fuga di notizie"), un'organizzazione internazionale senza scopo di lucro che riceve in modo anonimo documenti protetti da segreto (di Stato, militare, industriale, bancario) e poi li carica sul proprio sito www.wikileaks.org. Hanno pubblicato oltre 250 mila documenti diplomatici Usa, e molti materiali hanno avuto un forte impatto sui media internazionali: da quelli che svelano l'equipaggiamento militare nella guerra in Afghanistan alla gestione del Campo di prigionia di Guantánamo. Accusato di spionaggio dagli Stati uniti, che ne chiedono l'estradizione, nel 2010 Assange è stato anche accusato di reati sessuali per i quali è stato arrestato in Gran Bretagna e poi scarcerato. Attualmente si trova nell'ambasciata dell'Ecuador di Londra.

Eppure, come ben sappiamo, era un allarme infondato, non sono saltati gli orologi e neanche i server delle grandi industrie o delle agenzie investigative.

Tuttavia, i media non hanno parlato che di quel possibile baco, per giorni, giorni e giorni.

Molto meno rilievo, negli stessi anni, è stato dato all'annuncio delle Nazioni unite: il decennio 2000-2010 veniva, infatti, proclamato il «Decennio internazionale per la promozione di una cultura di pace e non violenza[3] per i bambini del mondo» per il quale sono state promosse azioni e progetti. La società civile internazionale si è attivata nei movimenti pacifisti, ma il decennio non è stato certo d'esempio per le bambine e i bambini del mondo. Dopo l'attacco dell'11 settembre 2001 alle Torri Gemelle di New York si è scatenata una guerra lunga e feroce che è ancora in atto, sotto forme meno efferate e dichiarate in alcuni luoghi, lontano dalle nostre telecamere in altri[4].

La nonviolenza purtroppo si è scontrata più volte con la sospensione del diritto: quando i primi presunti talebani arrestati sono stati portati nella prigione di Guantánamo o quando a Genova durante il vertice del G8 del 2001 le proteste dei movimenti sociali, molte delle quali pacifiste e nonviolente, sono state represse nel sangue e Carlo Giuliani è ucciso. Per la morte di Carlo è stato accusato il carabiniere Mario Placanica, prima indagato per omicidio e poi prosciolto per legittima difesa, oggi è in attesa di giudizio con l'ac-

---

3   "Nonviolenza" è la traduzione letterale del termine sanscrito *ahimsa*, composto da a privativa e *himsa* che significa danno, violenza. La parola esprime un concetto etico presente nella filosofia indiana e associato al pacifista e politico indiano Mohandas Karamchand Gandhi, detto il Mahatma, (1869-1948) che ha messo al centro della sua riflessione la pratica nonviolenta e la disobbedienza civile come azioni politiche per il cambiamento e la trasformazione. Riguardo alla resa del termine "nonviolenza", seguiamo qui le indicazioni di Aldo Capitini (1899-1968) – filosofo, politico, antifascista, educatore italiano e fondatore del Movimento nonviolento – secondo cui occorre scrivere la parola senza trattino per restituire al termine la dovuta portata e ampiezza concettuale.

4   Nel primo caso mi riferisco al persistere di uno stato di guerra in Afghanistan e Pakistan, nel secondo caso a quello che è avvenuto per diversi mesi rispetto al conflitto siriano, di cui sono giunte a lungo poche e lacunose notizie.

cusa di violenza sessuale ai danni della figlia minorenne della sua ex convivente. Anche a quest'ultima notizia non è stata data grande importanza.

Andando solo per titoli, il tanto celebrato Duemila ha aperto le porte a livello internazionale ad un decennio di guerre, attentati terroristici di matrici varie[5], crisi economico-finanziarie ma anche proteste e forte richieste di cambiamento da parte della società civile in tutto il mondo[6].

In Italia abbiamo aperto con il Giubileo – tripudio di una Chiesa attraversata dal perdurare della crisi di vocazioni e fede, lo scandalo della pedofilia e quello economico della Banca vaticana – e abbiamo chiuso nel 2010 con la morte di Francesco Cossiga, uno fra i più discussi presidenti della nostra Repubblica.

Nel mezzo si consuma la crisi della politica italiana e dei movimenti contro la globalizzazione neoliberista che si frammentano e perdono l'energia propulsiva iniziale, un terribile terremoto nell'aprile del

---

5   Tra i maggiori ricordiamo: l'11 marzo 2004, tre giorni prima delle elezioni, a Madrid, dieci zaini carichi di esplosivo sono fatti saltare alla stazione di Atocha nell'ora di punta del mattino provocando 191 morti e 2057 feriti. Inizialmente venne accusata l'Eta, l'organizzazione armata separatista basca, poi le indagini e le commissioni d'inchiesta parlamentari parlarono di terrorismo islamico; fra il 1° e il 3 settembre 2004, un gruppo di fondamentalisti islamici e separatisti ceceni occupano la scuola di Beslan nell'Ossezia del Nord e tengono in ostaggio 1200 persone fra adulti e bambini, quando cinque giorni dopo le forze speciali russe irrompono nell'edificio causano la morte di 334 persone, fra le quali 186 bambini, ed oltre 700 feriti; il 7 luglio 2005, attentatori suicidi si fanno esplodere nella metropolitana di Londra e in un autobus nell'ora di punta del mattino. Ci furono 55 morti e 700 feriti; Il 26 novembre 2008 dieci attentati terroristici colpiscono contemporaneamente Mumbai (nota fino al 1995 come Bombay), con esplosioni, sparatorie e prese di ostaggi con 195 morti e oltre 300 feriti. Gli attentati sarebbero stati rivendicati dai Mujahideen del Deccan, un'organizzazione fino a quel momento poco conosciuta. I movimenti pacifisti hanno manifestato in questi anni anche per rifiutare le interpretazioni semplicistiche che indicano nell'Islam radicale la causa della guerra permanente mentre sono molteplici le responsabilità dell'Occidente.

6   Nel 1999 a Seattle nasce il movimento altermondialista contro la globalizzazione neoliberista conosciuto come Movimento no-global o Movimento dei movimenti, da cui derivano i Social forum locali e internazionali; poi è stata la volta dei movimenti pacifisti internazionali contro la guerra in Iraq iniziata nel 2003; più di recente, nel 2011 nascono gli Indignados spagnoli e Occupy Wall Street contro la crisi finanziaria che investe l'Occidente; dal 2010 c'è il fenomeno della "primavera araba" con cui sono state chiamate le proteste, in parte ancora in corso, sorte in Medio Oriente e Nord Africa (le maggiori in Tunisia, Egitto, Bahrein, Algeria, Yemen, Giordania, Libia, Siria).

2009 distrugge la città de L'Aquila, ancora tutta da ricostruire[7]. Fino ad arrivare all'oggi, in cui ci trasciniamo come un paese disorientato, impoverito, sfiduciato.

Tutti fatti noti, spesso distorti o insufficientemente riportati dai media mainstream, talvolta rilanciati a viva voce con la volontà politica di creare false attese, giustificare timori, semplificare superficialmente, a scapito della verità e della corretta informazione.

Un sistema mediatico efficiente, efficace, potente. Ma non infallibile.

Ci sono stati anche dei controcanti, dei "bug" che hanno permesso di ostacolare l'omologazione imperante della comunicazione. Con tenacia e volontà, media indipendenti hanno raccontato le "no news"[8], quelle che in pochi riferiscono o che nessuno si aspetta e quindi, spesso, neanche i giornalisti o le giornaliste vanno a cercare. Ma perfino fra le "no news" continua ad esserci una gerarchia, una resistenza culturale a dare spazio, autorevolezza e rilievo a quei fatti che hanno a che fare con "robe da donne" o da femmine in senso dispregiativo. Soprattutto se si tratta di "cose politiche", quando gruppi di donne vorrebbero addirittura prendere parola pubblica e dire la loro sul mondo, su come immaginarlo diverso, con una vita dignitosa e sostenibile per tutti.

Quando è così, il/la giornalista si disorienta, deve decidere se diffondere una notizia ritenuta irrilevante dal pensiero comune o poco appetibile dal mondo dei mass media.

Tutte queste "robe da donne e da femmine" non sono invece trascurabili perché riguardano l'umanità intera, non solo per l'ovvietà che le donne rappresentano all'incirca la metà della popolazione mondiale, ma perché i femminismi suggeriscono pratiche e poli-

---

7   L'Unione europea chiede tuttora conto al governo italiano degli sprechi sui fondi per il dopo-sisma. Cfr. il report scritto per conto della Commissione di controllo dei bilanci Ue dall'eurodeputato danese della Sinistra unitaria, Søren Bo Søndergaard, dopo tre anni di indagini, sulla ricostruzione dell'Aquila in seguito al terremoto del 6 aprile del 2009.

8   Termine iniziato ad utilizzare nel panorama editoriale italiano dal settimanale indipendente «Carta».

tiche che intendono trasformare la vita di tutti: maschi, femmine, maschi che diventano femmine, femmine che si sentono maschi.

> Non par vero che nel XXI secolo si discuta ancora di socialismo o capitalismo o crisi economica, quando non ci accorgiamo che non è ancora risolto il problema della violenza e degli abusi che si consumano nelle case. [...] Il destino dell'umanità non è ancora stato scritto, perché noi donne non ci siamo ancora pronunciate. [...] Noi vogliamo un altro mondo, vogliamo evitare che l'umanità si autodistrugga.[9]

A dirlo non è solo la protagonista di fantasia del bel romanzo di Gioconda Belli, ma tante, tantissime donne che si ritrovano per discutere, elaborare proposte politiche, prefigurare pratiche di cambiamento, ripensare non solo il rapporto fra i sessi ma anche l'economia e le regole della convivenza come vedremo nei racconti di questo libro[10].

Rossana Rossanda, fra le voci più autorevoli del giornalismo italiano, nel suo ultimo libro sostiene che le donne: «Escluse per secoli dalla *res publica*, non ne hanno rielaborato i dilemmi, li guardano a distanza, ne diffidano»[11]. È indubbio che alcune donne sono state

---

9   Cfr. G. Belli, *Nel paese delle donne*, Feltrinelli, Milano 2012.

10   Oltre alle esperienze raccontate in questo volume, c'è una vasta e articolata bibliografia in merito alla riflessione a tutto campo fatta dalle femministe. Cito, ad esempio, il documento *La cura del vivere* in «Leggendaria» n°89 del 2011, prodotto dal «Gruppo del mercoledì», composto da femministe che hanno vissuto gli anni Settanta e che si riunisce alla Casa internazionale delle donne di Roma: Fulvia Bandoli, Maria Luisa Boccia, Elettra Deiana, Laura Gallucci, Letizia Paolozzi, Bianca Pomeranzi, Bia Sarasini, Rosetta Stella, Stefania Vulterini. Molte analisi economiche in ottica di genere è possibile trovarle su www.ingenere.it.

11   Rossana Rossanda, intellettuale, esponente del Pci prima e poi fondatrice della rivista e quotidiano «il manifesto», giustifica così l'assenza di voci femminili nel suo libro: «Modo di produzione, riforme o rivoluzione, democrazia o fascismi – per non citare che alcune grandissime questioni del Novecento. Le donne le hanno attraversate, spesso vi hanno messo la vita, ma non le hanno ripensate malgrado che al pensiero femminile appaia una non storia quella che tiene conto solamente del dominio di uno dei due sessi. Escluse per secoli dalla *res publica*, non ne hanno rielaborato i dilemmi, li guardano a distanza, ne diffidano» (in R. Rossanda, *Quando si pensava in grande. Tracce di un secolo. Colloqui con venti testimoni del Novecento*, Einaudi, Torino 2013).

estranee alla vita istituzionale e alle dinamiche di partito, altre hanno preso distanza dal primato della teoria sulla pratica, altre ancora hanno sposato le logiche maschili senza metterle in discussione, ma in tante non si sono sottratte né al confronto né all'elaborazione teorica sui dilemmi della rappresentanza politica, della cittadinanza, dei diritti e doveri della convivenza umana.

Probabilmente lo hanno fatto con parole molto diverse da quelle della politica classica espressa dal linguaggio simbolico maschile a cui si riferisce Rossanda; molto più verosimilmente sono state prese poco sul serio, fin dai tempi della sinistra critica del vecchio Pci.

Un esempio su tutti: nei giorni in cui va in stampa questo testo, in Europa si assiste ad una nuova ondata reazionaria che rischia di travolgere i diritti delle donne, a partire dalla libera scelta sull'aborto. Al Parlamento europeo è stato bocciato il rapporto Estrela su "Salute e diritti sessuali e riproduttivi", che voleva garantire, da un lato, il diritto all'interruzione di gravidanza (anche senza consenso dei genitori per i più giovani), dall'altro promuovere l'informazione sulla contraccezione e sulla sessualità consapevole, ma anche l'educazione al genere e all'orientamento sessuale per prevenire la discriminazione delle persone Lgbtqi. La risoluzione è stata respinta anche grazie all'astensione di sei deputati del Partito democratico, fra cui due donne, Silvia Costa e Patrizia Toia, non completamente estranee al movimento delle donne.

Negli stessi giorni in Spagna[12] un disegno di legge ha messo in agitazione le femministe di tutta Europa: il concepito diviene portatore sano di diritti mentre si torna a mettere lacci sulla sessualità

---

12   Il 2014 è iniziato con una notizia ferale per le donne spagnole: il ministro di Giustizia, Alberto Ruiz-Gallardón, ha presentato un disegno di legge che opta per un provvedimento fortemente restrittivo in tema di aborto, il quale verrebbe contemplato solo in casi di violenza sessuale (che dovrà essere denunciata non oltre le dodici settimane dal concepimento) e quando è accertato il «pericolo grave per la salute fisica e psichica» della madre che dovrà essere «serio e durevole». I movimenti delle donne spagnole, con il sostegno di femministe e lesbiche di tutta Europa, hanno duramente criticato la scelta, accolta invece con gaudio dalla Chiesa spagnola. Vedi http://womenareurope.wordpress.com.

di donne e uomini, a rinsaldare lo stereotipo della donna-madre tradizionale, a ridefinire gli spazi di autonomia e di autodeterminazione del presunto sesso debole. Con buona pace della laicità e dei diritti umani fondamentali.

Le femministe si ostinano a pensare che tale vicenda, con tutte le sue articolazioni (dal diritto all'aborto conseguono infatti una serie di scelte politiche ed economiche che investono la scuola, la sanità e il welfare), faccia parte a pieno titolo della "politica", classica o contemporanea che sia, nella misura in cui questa si ponga la questione del potere – chi decide cosa su chi – nel rapporto fra i sessi, costitutivo di qualsivoglia democrazia o rivoluzione. Non c'è possibilità di reale convivenza umana sostenibile per donne e uomini – dicono le femministe – finché i poteri patriarcali o religiosi potranno imporre norme sul corpo femminile e ritenerlo legittimo. Così come non si possono sconfiggere la diseguaglianza economica e le differenze di classe senza assumere come altrettanto prioritaria la lotta al sessismo.

Non sono la maggioranza, è un fatto, le donne che sentono questa urgenza.

In molte si chiedono se abbia senso il solo "resistere" al più forte: è un interrogativo che ritorna, ma loro nonostante tutto vanno avanti, fanno progetti comuni, agiscono, cercano – e trovano – vie alternative al neoliberismo, per ripensare il mondo, in grande.

Dal Duemila in poi ho messo da parte volantini, mail, documenti, ricordi, interviste e appunti sparsi, convinta che queste storie di femminismi e movimenti di donne debbano diventare patrimonio comune[13]. Sono esperimenti, a volte molto ben riusciti, a volte un po' meno, pezzi di vita collettiva, frammenti di discussioni e confronti, parole e azioni sul territorio o il racconto di reti nazionali talora nate virtualmente sul web e spesso capaci di innovazione, so-

---

13   Cfr. E. Baeri Parisi, *Dividua. Femminismo e cittadinanza*, il Poligrafo, Padova 2013.

prattutto rispetto al linguaggio e al significato simbolico che nutre il senso comune.

Mettere nero su bianco la storia di queste esperienze aiuta a tesserne il filo comune che non è solo nella teoria/pratica femminista per cui ognuna deve *partire da sé* – l'eredità femminista più longeva – ma è anche nell'inquietudine persistente, nella precarietà esistenziale delle ultime generazioni di femministe, nel tentativo sempre molto faticoso di tenere insieme personale e politico.

A volte albeggia anche la sensazione, un po' deprimente, di dover ricominciare da capo[14].

È indubbio che l'andamento carsico dei femminismi italiani, con il loro continuo oscillare sopra e sotto la superficie, senza mai scomparire del tutto, ma senza neanche essere costanti nella visibilità, non favorisce un impatto forte sul pensiero dominante.

Negli anni Settanta l'esperienza femminista diffusa ha reso possibili mutamenti profondi nella società che hanno portato alla conquista di diritti e spazi di libertà per tutti, oggi il compito è molto più gravoso e sono a rischio i diritti nel campo dell'autodeterminazione sul proprio corpo, sul lavoro e nella sfera delle relazioni private e pubbliche, dall'aborto alle tante forme di violenza e stalking, dal costo sociale della crisi, maggiormente pagato dalle donne, alla mancata totale parità nei salari.

Persiste poi, all'interno del movimento, l'inevitabile conflitto generazionale fra giovani e "femministe storiche"[15]; l'immancabile protagonismo eccessivo di alcune; la questione del potere – è un

---

14   Fra gli ultimi fatti di cronaca che avvalorano questa tesi cito, ad esempio, la polemica scatenata dalle dichiarazioni della presidente della Camera Laura Boldrini – che non è certo una femminista radicale – all'indomani del convegno sulla Convenzione di Istanbul, in materia di prevenzione e contrasto della violenza sulle donne, e media (settembre 2013). Boldrini ha giustamente criticato gli stereotipi pubblicitari che vogliono le donne solo mamme e mogli occupate nei lavori di cura e si è attirata le critiche – rilanciate perfino da un quotidiano come «l'Unità» – di chi l'accusa di essere una borghese che non cucina mentre ci sarebbero numerose presunte madri che adorano servire a tavola.

15   Sono definite in questo modo le donne che hanno partecipato ai movimenti degli anni Settanta, molte delle quali sono ancora attive e partecipi nel movimento delle donne.

dato che anche nell'ambito del femminismo ci sia un deficit di "ricambio"[16], dovuto anche al non farsi da parte delle donne più grandi che hanno autorevolezza o ricoprono ruoli di rilievo nelle istituzioni, nei partiti, negli stessi movimenti: tutto questo a volte esaspera le frizioni e, certamente, non fa bene allo stato di salute dei femminismi.

È la ragione per cui, come si vedrà più avanti, a grandi successi seguono altrettante mancate occasioni, vuoti e dispersioni.

Ma, a parer mio, vale ugualmente la pena di raccontare almeno una parte di quello che è stato fatto e di ciò che si sta ancora facendo.

Il materiale è vasto ed ho pertanto operato una selezione privilegiando due criteri.

In primo luogo, ho dato la precedenza alle storie che non sono state sotto i riflettori dei media, o vi sono state in maniera marginale, rispetto ad esperienze certamente significative a livello nazionale come il coordinamento *Usciamo dal silenzio*, nato nel 2005 da una email scritta dalla collega Assunta Sarlo[17], o il movimento sorto attorno a *Snoq-Se non ora quando?* con la manifestazione nazionale a Roma del 13 febbraio del 2011[18].

---

16   Vedi il capitolo 19.

17   Nel 2005 Sarlo scrive una lettera alle donne che conosce chiedendo di pensare, di fare qualcosa per contrastare gli attacchi alla legge 194 del 1978, puntualmente disattesa. Le rispondono in tante e si riuniscono il 29 novembre 2005 in una grande assemblea a Milano dal titolo "Per uscire dal silenzio". Poco dopo, una manifestazione nel gennaio del 2006 porta in piazza a Milano circa duecentomila persone, fra uomini e donne. Partecipano molte donne note, fra cui Camusso, divenuta poi prima donna Segretaria generale della Cgil.

18   I media mainstream hanno titolato «Un milione in piazza», senza dubbio il 13 febbraio 2011 Snoq ha riempito oltre Roma, molte piazze italiane. Il manifesto delle promotrici recitava: «Siamo un gruppo di donne diverse per età, professione, provenienza, appartenenza politica e religiosa. Raccogliamo appartenenti ad associazioni e gruppi femminili, donne indipendenti del mondo della politica, dei sindacati, dello spettacolo, del giornalismo, della scuola e di tutte le professioni. Se Non Ora Quando è un movimento trasversale, aperto e plurale». Parole che hanno sollevato anche delle polemiche e delle contestazioni, per via della divisione nell'appello iniziale fra donne "perbene" e donne "permale", per cui la manifestazione romana del 13 febbraio è stata attraversata da un gruppo di donne di collettivi vari che hanno rivendicato il loro essere "indecorose e libere" (vedi oltre cap. 9). A ottobre 2013 dopo una assemblea generale Snoq si è divisa in Snoq Factory, ossia le donne più legate al movimento e più radicali nella riflessione, e Snoq Libere, ossia le originarie promotrici, più vicine agli assetti istituzionali e partitici.

In secondo luogo, ho scelto a partire dalla mia esperienza personale condivisa con altre e rappresentativa – a mio modo di vedere – di percorsi che si intrecciano anche con situazioni internazionali e che esprimono forme di conflitto maggiore.

Per molte di noi, il movimento antiglobalizzazione nato a Seattle alla fine degli anni Novanta e le giornate di Genova 2001 hanno segnato lo spartiacque fra gli anni Ottanta/Novanta – caratterizzati dalle politiche delle pari opportunità istituzionali – e il nuovo protagonismo politico di molte donne fuori dalle istituzioni, ma anche fuori dall'accesso ad un lavoro garantito, dai servizi base per chi sceglie la maternità e fuori dal riconoscimento sociale per chi non la sceglie.

Le generazioni precarie che animano i femminismi del primo decennio del 2000 devono fare i conti con una società italiana fortemente familista, oltre che sessista e maschilista.

Le più giovani quando arrivano all'inizio degli anni Novanta all'università trovano i primi corsi di studi delle donne e di genere (women's e gender studies nel mondo anglosassone), e all'interno dell'accademia italiana si è affermato il pensiero della differenza sessuale[19] o filosofia della differenza, sulla scia dal lavoro di Luce Irigaray, filosofa, psicanalista e linguista belga[20]. Molte di noi magari scoprono anche la politica, ma è una

---

19   Fra le principali esponenti di questo pensiero in Italia ci sono Luisa Muraro, Adriana Cavarero e le filosofe che animano la comunità di Diotima dell'università di Verona. La loro riflessione muove da una critica al linguaggio della tradizione filosofica occidentale intesa come sapere neutro/universale, perché in realtà è il prodotto di un soggetto sessuato maschile. Il pensiero della differenza sessuale parte invece dal corpo diverso dell'essere donna e da quello è necessario iniziare per eliminare i modelli imposti dal maschile, per questo viene messo in discussione il femminismo emancipazionista dell'uguaglianza, perché si teme il rischio di omologazione ai modelli imposti finora da un sesso sull'altro. D'altro canto la critica che viene rivolta a questo pensiero è di aver sottovalutato le differenze fra donne (a seconda della classe, del censo, dell'origine geografica, della sessualità), di avere dato troppo risalto in chiave simbolica alla figura materna e di privilegiare relazioni fra donne fondate sulla pratica dell'affidamento, con il pericolo di ricreare rapporti gerarchici al pari di quelli criticati nel sistema patriarcale.

20   Fra le sue opere più conosciute in merito al pensiero della differenza sessuale c'è *Speculum. L'altra donna*, Feltrinelli, Milano 1975.

politica pallida e fiacca, il movimento studentesco misto della Pantera di cui hanno sentito parlare a fine liceo si è disciolto, diverse donne frequentano i centri sociali dove però di politica femminista c'è poco e non sempre riescono ad aprirsi spazi di autonomia.

C'è un clima generale di disorientamento dopo la caduta del muro di Berlino, bisogna fare i conti con le tante eredità del Novecento.

Per le femministe significa anche fare i conti con la stanchezza e la delusione per le dinamiche – verticistiche, autoreferenziali, maschiliste – presenti nei gruppi misti dei nuovi movimenti, dove tanti maschi leader, autoproclamatisi tali, non hanno tenuto conto delle elaborazioni e delle esperienze femministe e della loro pluralità di voci: molti collettivi di sole donne nati dopo il Duemila recuperano il separatismo, più che la pratica dell'autocoscienza[21] degli anni Settanta, perché vogliono uno spazio di elaborazione autonomo, senza che questo precluda poi a eventuali alleanze con gruppi misti o neghi il confronto tout court con gli uomini.

In queste pagine, la "no news" è il racconto a puntate, attraverso i loro documenti e le loro parole, di pezzi di femminismi sparsi per l'Italia dal 2000 al 2013, ma anche di movimenti che hanno avuto o continuano ad avere rapporti difficili con i femminismi, come nel caso del Comitato per i diritti civili delle prostitute o alcuni pezzi del movimento Lgbtqi[22].

L'auspicio è che le loro parole risuonino fuori da qui e dai soliti ambiti, per diventare saperi e pratiche condivise, riviste e migliorate, portate avanti da altre/i, affinché avvenga la trasmissione dei

---

21   Per autocoscienza si intende la pratica femminista, sperimentata a partire dagli anni Settanta, con cui le donne, riunite insieme e senza uomini, mettono in discussione sé stesse, la propria sessualità e il contesto in cui vivono.

22   La sigla è l'acronimo di lesbiche, gay, bisessuali, transgender, queer e intersessuali.

tanti pensieri femministi che, non a torto, sono stati considerati il motore di una grande rivoluzione globale senza armi[23], non ancora pienamente riconosciuta.

---

23   Si parla di rivoluzione senza armi perché il pensiero e le pratiche femministe hanno permesso un mutamento profondo di comportamenti e modi di pensare che hanno influito su tutta la società; modificazioni che si sono tradotte anche in misure legislative e reali opportunità di lotta alla diseguaglianza fra i sessi. L'altra rivoluzione nonviolenta riuscita è quella compiuta in India da Gandhi con il suo movimento contro il colonialismo inglese. Cfr. A. Buttarelli, *Sovrane. L'autorità femminile al governo*, il Saggiatore, Milano 2013.

Capitolo 1
2000
Le Lucciole non si perdono

«Io voglio vivere in un paese di gente libera:
libera anche di prostituirsi, purtroppo. Ma libera».
Lina Merlin[24]

Lucciole sì, lucciole no. Ma esistono ancora le lucciole? «Se una lucciola va in treno / c'è una lucciola di meno...» poetava Toti Scialoja nei *Versi del senso perso*[25].

A perdersi, nel primo racconto di questo libro, non sono gli insetti luminosi che potremmo scambiare per lanterne, ma i diritti delle donne che, per ragioni diverse, si prostituiscono.

Si smarriscono nelle leggi repressive dello Stato, nella cecità delle istituzioni, nella cattiva informazione rivolta alla società civile, spesso schiacciata sul "politicamente corretto".

La prostituzione è infatti uno dei grandi nodi irrisolti del dibattito nei movimenti femministi e femminili, fra posizioni di totale rifiuto, accoglienza incondizionata e apparente tolleranza. Ed è proprio contro l'indulgenza di maniera, basata sulla sopportazione privata di un pubblico vizio e sull'ipocrisia di pensare che "se non riguarda

---

24   Lina Merlin (1887-1979), partigiana e politica italiana è la prima firmataria della legge 75/1958 che prende il suo nome. La legge Merlin sostiene che l'esercizio individuale della prostituzione non è reato, mentre lo è praticarla nelle case di tolleranza (meglio note come case chiuse o bordelli). In generale lo spirito della norma non prevede la regolamentazione della prostituzione ma contrasta lo sfruttamento della prostituzione altrui. I critici della legge sottolineano come la chiusura delle case chiuse abbia provocato l'aumento della prostituzione in strada, il diffondersi della tratta e non affronti la complessità del fenomeno.

25   Nel 1989 Toti Scialoja raccolse nel volume *Versi del senso perso* (Einaudi, Torino 2009) tutte le sue poesie, precedentemente riservate solo a un pubblico di amici, bambini e intenditori.

23

me non riguarda nessuna", che si scaglia il documento prodotto nel settembre 2000 dalle Lucciole di Pordenone. Dal 1982 è infatti attivo il loro Comitato per i diritti civili delle prostitute, nato per sensibilizzare la società rispetto alla dignità e ai diritti delle/dei sex worker e per migliorare la qualità della vita di chi si prostituisce. Scrivono le Lucciole:

> Perché quando siamo puttane, delatrici, quiescenti, ricattate vittime e sfruttate veniamo tollerate, quando invece pretendiamo di usufruire degli stessi diritti riconosciuti a tutti i cittadini, quando pretendiamo il diritto alla nostra integrità fisica, alla libertà di scelta e autodeterminazione, veniamo perseguitate e minacciate.

Stanche di questo doppio gioco, loro vogliono:

> La libertà di autodeterminazione delle scelte sessuali. Perché la libertà sessuale non è contrattabile. Né lo Stato né la Chiesa possono decidere al nostro posto! Lo Stato ha il dovere di garantire il rispetto delle diversità. Per la libertà di vendere e comprare sesso fra adulti consenzienti. Perché quando non è violenza, sopraffazione, sfruttamento, ma libera scelta, la prostituzione è un'espressione della sessualità. Vietarla è ridicolo prima ancora che illegale.

È una posizione forte, scomoda, che non suscita immediata solidarietà. Non la pensano così in molte: non solo – come è ovvio – fra le conservatrici o le donne di cultura cattolica, ma anche diverse femministe convinte che la prostituzione concorra a perpetuare l'ordine maschilista e patriarcale, ovvero che sia un soggiacere alle voglie della sessualità maschile nonché una forma di mercificazione del corpo al pari di altri oggetti[26].

---

26   Sia in Italia che all'estero sono molte le femministe con posizioni di totale rifiuto della prostituzione. Per una disamina sui diversi atteggiamenti rimando a Daniela Danna, *Visioni e politiche sulla prostituzione*, working paper del dipartimento di studi sociali e politici,

Ma cosa significa dire che la prostituzione è un'espressione della sessualità?
A lungo ci siamo interrogate sul perché è così tanto radicato quello
che è definito il "mestiere più antico del mondo" – spiega Pia Covre[27] – e non potevamo non chiedercelo dal punto di vista del cliente: perché così tanti uomini sentono la necessità di andare a cercare
prestazioni sessuali a pagamento? Come lavoratrici del sesso, in base
alla nostra esperienza, pensiamo che non sia solo per soddisfare un
bisogno momentaneo, un istinto, dovuto ad un'insoddisfazione.
Anzi, sono tantissimi gli uomini che, pur avendo relazioni stabili
e serene, vanno anche a prostitute. La nostra risposta è perché la
prostituzione è una delle tante modalità per fare sesso, è una pratica
erotica come un'altra. Noi l'abbiamo spesso paragonata a quando si
va a comprare un abito non perché è una necessità ma per il gusto
di farlo, il rituale di andare in un negozio e stare lì a scegliere quel
che più ci piace, magari è un capriccio. Per cui la prostituzione è
un'espressione della sessualità nel senso che non nasce dall'insoddisfazione ma perché è un piacere al pari di altri.

*A chi dice che è un piacere solo degli uomini, comunque una risposta
ad un desiderio maschile, cosa rispondete?*
Che non è vero, c'è chi lo sceglie e lo fa, appunto, con piacere, tro-
vando soddisfacente avere rapporti sessuali pagati, gradevoli, scelti
e voluti. Nel contesto attuale è certamente più difficile parlare di
un'espressione della sessualità femminile, visto il grande fenomeno
dello sfruttamento e la tratta, che nulla hanno a che vedere con la
prostituzione scelta. Senza dover arrivare alle esperienze più forti
e violente, basti pensare alle donne che lo fanno come lavoro di

---

n° 10/2004, Università degli Studi di Milano. Sulla prostituzione vista dal cliente, cfr. M.R.
Cutrufelli, *Il cliente. Inchiesta sulla domanda di prostituzione*, Editori Riuniti, Roma 1981 e
G. Serughetti, *Uomini che pagano le donne*, Ediesse, Roma 2013.

27   Di origini venete, Covre è fra le fondatrici insieme a Carla Corso del Comitato
per i diritti civili delle prostitute. Entrambe prostitute, hanno dedicato gli ultimi trent'anni
all'attivismo.

ripiego, un impiego come un altro che fai senza che ti piaccia, così come succede con altri lavori, ma questo non equivale a dire che è un piacere solo degli uomini.

Distinguere la prostituzione dalla tratta è un punto fondamentale, sostengono le attiviste dei movimenti per i diritti civili delle prostitute in tutto il mondo. Nel 2000 le Lucciole concludono, infatti, il loro documento affermando che l'obiettivo dei "tolleranti" e "moralizzatori", anziché essere quello del decoro urbano e del giudizio sulla scelta altrui, dovrebbe essere:

> la lotta alla tratta delle donne e il rispetto autentico delle vittime. Perché si concentrino tutte le forze degli apparati investigativi e giudiziari per colpire e smantellare le reti della criminalità mafiosa che lucra sulla miseria, sulla fame, sulla povertà, e anche sui sogni della donne.

Gli stessi benpensanti dovrebbero rivolgersi:

Contro le operazioni arbitrarie delle polizie verso le prostitute e i loro clienti. La cui "legittimità" è infondata perché lo spirito e la lettera della legge Merlin vengono distorti. Si tratta in realtà di un'aggressione alle libertà dello Stato di diritto che mostra il volto repressivo dello Stato.
Contro le ipocrisie moralistiche di rappresentanti del governo che rinunciano a difendere la laicità dello Stato repubblicano accettando le ingerenze delle gerarchie ecclesiastiche vaticane.
Contro la falsa lotta agli sfruttatori della prostituzione che colpisce solo le vittime e non i racket.
Ministero degli Interni e questure dichiarano ogni giorno il numero delle prostitute fermate, arrestate ed espulse dal nostro paese e dei clienti multati e denunciati. Ci dicano allora anche quanti sono gli sfruttatori arrestati, condannati ed espulsi!
Contro le politiche che producono stigmatizzazione ed esclusione sociale delle prostitute. Perché così si alimentano le paure immotivate e irrazionali

di un'opinione pubblica che si vorrebbe manipolare per calcoli elettorali, favorendo il razzismo e la xenofobia ed accrescendo una generica quanto pericolosa "domanda di ordine".[28]

A più di dieci anni di distanza il documento è ancora fortemente attuale e sarebbe potuto essere scritto anche all'indomani dei ripetuti "pacchetti sicurezza", ossia provvedimenti d'emergenza, che si sono susseguiti negli ultimi governi. Nonostante il gran lavoro svolto dalle attiviste e dalle sex worker impegnate in prima linea – negli anni Novanta sono riuscite a far eliminare almeno il foglio di via – è stata tutta una rincorsa fra ordinanze comunali e richiami dall'alto a ciò che è decoroso, fra l'uso politico della pubblica decenza – per dirlo con le parole di Tamar Pitch[29] – e l'ossessione per l'ordine e la pulizia delle strade, ramazzando persone e non rifiuti.

Tutto ciò stride profondamente con alcune delle parole chiave dei femminismi, dall'autodeterminazione alla libertà di scelta, dal partire da sé e dai propri desideri al rispetto per le differenze. Termini che torneranno spesso in queste pagine, perché sono il seme che genera ribellione creativa, sovvertimento dell'ordine prestabilito, trasformazione radicale dei rapporti fra sessi e generi[30]. Ma cambiare idea sulla prostituzione è difficile, lo stigma sociale è profondo, e la ritrosia ad accettarla come possibile libera scelta è persistente, trasversale alle generazioni e allo *status* sociale.

---

28   In grigio brani tratti dal documento delle Lucciole, in generale in tutto il volume i documenti e testi originali dei collettivi, gruppi o singole verranno evidenziati in questo modo.

29   Cfr. T. Pitch, *Contro il decoro. L'uso politico della pubblica decenza*, Laterza, Roma 2013.

30   Nel sentire comune gli individui sono divisi fra maschi e femmine, in base alle loro differenze biologiche, e sesso e genere molto spesso sono intesi come un tutt'uno. Gli studi di genere sull'identità e sessualità hanno introdotto una differenza concettuale fra i due aspetti che sono comunque interdipendenti: il sesso viene inteso come il corredo genetico composto dai caratteri biologici, fisici e anatomici in base a cui si ha la differenza maschio/femmina, sebbene esistano anche persone che non nascono o non si identificano in un sesso definito; il genere rappresenta invece la rappresentazione culturale e sociale in base alla quale ci si riferisce a modelli e comportamenti diversi per uomo/donna. L'opposizione sesso/genere – che rimanda allo schema natura/cultura – è tuttavia oggetto di analisi critiche e non tutte le posizioni teoriche sono concordi.

In qualunque assemblea di donne ci si imbatta, ci sarà sempre qualcuna, se non la maggior parte, che sulla prostituzione solleverà dubbi e domande, spesso con un atteggiamento di estrema chiusura, non ascoltando chi la pensa diversamente. Perché in gioco c'è il corpo: quello che le prostitute chiamano lavoro, per molte donne è inconcepibile poiché mette in vendita una parte intima, che si vorrebbe inviolabile.

Dal punto di vista delle Lucciole, e da quello di Pia Covre, il corpo diventa uno strumento e lo si espone come un abito (mentale e fisico) che si indossa ogni volta che si va a lavorare:

> Del resto in ogni lavoro che fai ti predisponi psicologicamente e fisicamente: dall'abbigliamento al comportamento decidi cosa esprimere di te stessa, come dirlo, tacere piuttosto che parlare, avere un atteggiamento dimesso o intraprendente – spiega Covre – In questo caso ti devi porre in maniera seduttiva, *ça va sans dire*, ma l'intimità psicologica con cui ti disponi non è la stessa che hai nella relazione sentimentale e sessuale che istauri al di fuori di quella prestazione. Proprio per questo ripeto da anni che ogni esperienza è individuale e singolare, non si può generalizzare. Soprattutto è un'esperienza sessuale che riguarda uno scambio – denaro in cambio di sesso – liberamente e reciprocamente scelto. E per tale motivo, lo ripeto fino alla noia, la prostituzione può essere un lavoro e una scelta solo per chi è davvero convinta, altrimenti non se ne parla.

Le giovani generazioni di femministe hanno accolto questo punto di vista e sono più volte scese in piazza accanto alle sex worker, con slogan irriverenti come: "Ci pagherete care, ci pagherete tutte"[31], recuperando lo spirito provocatorio di chi, nella generazione prece-

---

31   Nel 2008 viene organizzata a Roma a piazza Farnese la manifestazione nazionale dal titolo "Adeschiamo i diritti" contro il Ddl Carfagna sulla prostituzione che introdurrebbe il reato di esercizio della prostituzione in "luogo pubblico", colpendo clienti e prostitute allo stesso tempo, con possibile arresto e un'ammenda da 200 a 3000 euro. La pena per chi sfrutta la prostituzione minorile andrebbe da sei a dodici anni con multe da 15.000 a 150.000 euro.

dente, aveva affermato a quattordici anni e con serena convinzione che «il matrimonio è una forma di prostituzione»[32].

Un incontro dunque non facile, quello fra prostitute e femministe, ma non impossibile, fermo restando che quando ci si riferisce all'autodeterminazione, ognuna parli per sé:

> Non vengo dal femminismo ma dalle battaglie per i diritti civili, per l'aborto. Ieri come oggi voglio essere libera di scegliere – afferma energica Pia Covre – Voglio avere non tanto e non solo le garanzie legali, ma una cultura attorno a me che riconosca la mia autodeterminazione. Desidero essere libera di venderla, di darla via gratis, di non darla per niente. Con le femministe ci siamo incontrate, abbiamo avuto molti confronti e diversi scontri e con alcune non ci troviamo su una questione fondamentale per me: l'autodeterminazione è soggettiva, non deve essere imposta dalle altre. Quelle che dicono: "La prostituzione va abolita" parlano per loro e non per me. Lo stesso vale per il velo o altre questioni simili.

Qual è la distanza, si chiedono alcune, fra rivendicare la libertà di scelta e la possibile connivenza al potere comunque maschile?
«A quelle femministe che ci accusano di essere conniventi con il potere maschile dico che guardino alle tante altre forme di relazione sessuale tra uomini e donne implicanti uno scambio sessuale-economico. Perché non chiedono l'abolizione anche del matrimonio?»

Altre si chiedono: che differenza c'è fra la prostituta di strada e una escort o una velina? È possibile conciliare le lotte femministe e dei movimenti Lgbtqi con quelle dei/delle sex worker che lo hanno scelto? Siamo davvero sicure che la loro richiesta non interroga anche noi? Come la mettiamo con la sessualità maschile, fra i grandi rimossi del dibattito?

---

32   Affermazione di Rosangela Pesenti, del Direttivo nazionale Udi e del Gruppo Sconfinate, durante il seminario delle Officine dei saperi femministi ad Altradimora nel settembre 2009 (http://www.radiodelledonne.org/altradimora/). Vedi oltre, cap. 11.

«La prostituzione è trasversale, è una pratica sessuale che attraversa tutti i ceti sociali, lo sappiamo tutti eppure non si dice abbastanza – prosegue Pia Covre – Nell'epoca attuale è semplicemente stata gettata sotto i riflettori dello spettacolo e del potere mediatico e, a differenza del passato, qualcuno l'ha anche utilizzata nella sua lotta per il potere, fatta di dossier contro dossier. Da questo punto di vista, il giornalismo ha reso un enorme servizio al potere con la morbosità con cui ha raccontato i particolari della vita privata e intima. Soprattutto, molti giornalisti dopo aver visto la luna e averci girato un po' attorno hanno deciso, come sempre, che il problema fossero le donne e le hanno etichettate tutte come puttane – ristabilendo così la tradizionale divisione tra "donne per bene" e le "puttane e prostitute", che farebbero un uso illegittimo del proprio corpo – come se avessero, loro, la responsabilità verso lo Stato o verso i cittadini. Grave che alcune studiose donne assecondino ancora lo "stigma della puttana" che è "un profondo meccanismo di oppressione psicologico e sociale che ha come bersaglio esplicito le prostitute, ma implicitamente regola la socializzazione di tutti[33]", questa è connivenza con il sistema maschilista. Io ho scelto di lavorare in un certo modo perché voglio delle cose e non altre. Sicuramente alcune delle donne coinvolte nelle faccende berlusconiane hanno idee diverse dalle mie e aspirano ad una vita borghese agiata, secondo me gli interessa poco o nulla della politica. Detto questo, continuo a credere che molte donne hanno un grande capitale di fantasia, intelligenza e creatività. Possono decidere di fare ciò che vogliono».

A patto, avrebbe probabilmente chiosato Lina Merlin, che la nostra comunità umana sia disposta a riconoscere la loro imprescindibile libertà.

---

33   G. Peterson, *The whore Stigma*, 1986, citato in P. Tabet, *La grande beffa*, ediz. Rubbettino, Soveria Mannelli 2004.

Capitolo 2
2001-2011
Dieci anni di Punto G

«Non possiamo smantellare la casa del padrone
con gli attrezzi del padrone».
Audre Lorde[34]

Primo pomeriggio. Ci dividiamo in gruppi di lavoro e fra i pochi uomini presenti c'è Tano D'Amico che saltella qua e là fra le colonne di un cortile, fotocamera ben stretta in mano a scattare istantanee, mentre con Lidia e Nicoletta discutiamo dell'ordine sentimentale della globalizzazione, ossia di come gli intrecci economici, culturali, politici e tecnologici influenzano la vita quotidiana delle persone, le loro relazioni e le loro emozioni.

Parliamo della paura, a partire dai nostri corpi e dal loro sentire, nonostante viviamo in un mondo apparentemente aperto e senza confini. Cosa c'entrano adesso i sentimenti con la globalizzazione? Qualcuna borbotta, poi il discorso si accende e i dubbi svaniscono.

Siamo a Genova, a Palazzo San Giorgio, un mese prima che – nella stessa città e dopo tre giorni di *forum*, dibattiti, assemblee e manifestazioni pacifiche – si scatenasse l'orrore di una piazza repressa nel sangue. I sentimenti c'entravano, e sono stati travolti.

A giugno del 2001 a Genova sono arrivate oltre mille donne in rappresentanza di centoquaranta associazioni e movimenti femministi e femminili da tutto il mondo per partecipare a "Punto G: genere e globalizzazione," che è stato prima di tutto una grande scommessa,

---

34   Audre Lourde (1934-1992), poetessa, scrittrice e femminista statunitense.

a partire dal titolo del documento/appello *Per una società di donne e uomini equa, sostenibile, solidale, pacifica e democratica* nel quale si legge:

I G8 pretendono di governare e di fatto governano il pianeta senza alcun mandato: se esistono trattati internazionali che sanciscono l'esistenza, piaccia o non piaccia, dell'Onu, della Nato, della Fao, i G8 rispondono solo a stessi e si autolegittimano. Esistono perché comandano. […] Il processo di globalizzazione diretto nel mondo dai paesi più potenti ha visto in questi ultimi vent'anni l'affermarsi di un modello dominante di convivenza tra le nazioni e nelle nazioni basato sulla competitività che ha consentito il consolidarsi di una società diseguale e squilibrata sia nei confini interni dei vari paesi che su scala planetaria, profondamente autoritaria e aggressiva.

Il pensiero unico dominante, cui fa riferimento il consesso dei G8 sfrutta tre motori principali: la liberalizzazione dei movimenti dei capitali in ambito internazionale; la privatizzazione totale o parziale di importanti settori dell'economia che sta portando allo smantellando del welfare state; una deregolamentazione che punta alla riduzione e all'eliminazione dei diritti delle lavoratrici e dei lavoratori sul piano sindacale, previdenziale e salariale.

In questo quadro le esigenze di una società globale sostenibile, equa, solidale, pacifica e democratica sono state poste con urgenza e determinazione dalla rete delle organizzazioni formali e informali di rappresentanza dei diritti dei cittadini e delle cittadine del mondo in alcuni importanti appuntamenti: la Conferenza di Rio De Janeiro del 1992 sullo stato dell'ambiente, la contestazione di Seattle nel 1999 del vertice dell'Organizzazione mondiale del commercio (Wto), per giungere infine agli appuntamenti del 2000 con le manifestazioni al club dei potenti di Davos, alla mostra delle biotecnologie a Genova, a Firenze, a Bologna e Praga.

Esiste un filo che unisce questi appuntamenti della società civile con quelli organizzati dai movimenti femministi e femminili; registriamo però che in queste reti di movimento mancano le analisi che, partendo dal genere, guardano ai fenomeni della globalizzazione dal punto di vista delle donne.

Alcune donne non perdono tempo e creano la Rete di donne contro la globalizzazione, dentro e fuori quella dei movimenti misti, per dare voce al punto di vista mancante. Fra le protagoniste – di quelle che restano nell'ombra ma il cui lavoro è prezioso e indispensabile – c'è Laura Guidetti, classe '64, milanese che vive a Genova da circa trent'anni. È una bambina precoce Laura: a dodici anni viene a contatto con i temi del femminismo e della sinistra radicale, a diciotto si avvicina al trotskismo[35] di cui apprezza la critica della burocrazia e la teoria della rivoluzione permanente, ma dove il femminismo resta una visione divergente:

> Alla meglio considerata accessoria, relegata nel capitolo della "speciale oppressione" – spiega Laura – per cui alla fine di un lungo periodo di doppia presenza, con la crisi evidente delle formazioni partitiche della sinistra, il mio impegno politico si è concentrato sulle attività della associazione *Marea*, per la quale ricopro il ruolo di legale rappresentante e pertanto sono anche editrice della rivista omonima.

Come giustamente ricorda Laura:

> Il summit del G8 a Genova non lo abbiamo certo chiesto noi, ma dall'inizio è diventato un appuntamento carico di aspettative per larghe fasce di giovani, uomini e donne, non solo per i gruppi organizzati del movimento di critica alla globalizzazione. Abbiamo sentito su di noi il peso di una richiesta che proveniva anche da dentro: non potevamo permettere che le voci del femminismo restassero inespresse e invisibili. In realtà nel movimento misto le giovani, le donne, erano numerose, attive e protagoniste ma prevaleva

---

35   Ideologia comunista elaborata da L. Trotzkij che oppone alla tesi staliniana del socialismo in un solo paese la necessità di estendere la rivoluzione a livello internazionale. Espulso dal partito nel 1927 e costretto a lasciare l'Urss, fu aspro critico dello stalinismo e tentò di organizzare i comunisti antistalinisti nella Quarta internazionale.

l'approccio neutro nella critica al neoliberismo e ai danni sociali e ambientali da esso causati.

Insieme a Laura, scende in campo la direttora di *Marea*, Monica Lanfranco[36], classe '59, giornalista e formatrice sui temi della differenza di genere e sul conflitto, con un ruolo più esposto e visibile perché entra a far parte del Genova social forum (Gsf), il coordinamento politico delle giornate di luglio:

> *Punto G* è stato un evento che nella mia esistenza ha rappresentato uno snodo fondamentale. Così come c'è una "me stessa" prima della nascita dei miei figli, e poi un'altra "me stessa" successiva, segnata per sempre dalla scelta di maternità, così c'è anche una me prima del G8 e di *Punto G*, e una me dopo, segnata specialmente sul tema delle pratiche politiche di massa, decisamente convinta della necessità di azioni nonviolente. Sono stata una delle venti persone che hanno gestito gli eventi, deciso il programma e condiviso le scelte – difficili e non sempre lungimiranti e giuste – come una dei portavoce del Gsf, per la precisione ero la portavoce della rete femminista, che all'epoca si chiamava *Marcia mondiale delle donne*. Il mio nome non è emerso mediaticamente come quello, per esempio, del nostro coordinatore, Vittorio Agnoletto, ma sono stata l'unica donna sempre presente per tutti i lunghi nove mesi di lavoro politico fino a luglio 2001 (le altre donne erano solo due[37]) ed ero l'unica femminista in un organismo a larghissima maggioranza maschile, fortemente testosteronico e a tratti affetto da militarismo speculare a quello istituzionale.

---

36   Fra i suoi libri: *Donne disarmanti. Storie e testimonianze su nonviolenza e femminismi*, (2003) e *Senza velo. Donne nell'islam contro l'integralismo* (2005) entrambi pubblicati da Intramoenia e *Uomini che amano le donne. Virilità, sesso, violenza: la parola ai maschi*, Marea edizioni, Genova 2013.

37   Anna Pizzo del settimanale «Carta» e Raffaella Bolini dell'Arci.

Sono queste le premesse dell'appello che chiamerà a raccolta le reti femministe e femminili:

[...] Come donne in primo luogo ci sentiamo chiamate a scelte chiare e radicali che implicano il ripudio della competizione e degli squilibri economico-sociali, dello sfruttamento incontrollato delle risorse ambientali, delle politiche neoimperiali, neocoloniali e neopatriarcali, (ben evidenti nella realtà delle donne in Afghanistan e Sudan), della guerra come strumento per risolvere le controversie tra le nazioni, come da anni testimoniano il lavoro delle Donne in nero e della Convenzione permanente delle donne contro le guerre.

Da decenni molte eminenti studiose, prima tra tutte Vandana Shiva[38], stanno guardando e analizzando l'economia planetaria smascherando la trappola degli aggiustamenti strutturali con occhi di donna, rileggendo dunque ogni fenomeno e scelta dei governi che, abbracciando la politica della globalizzazione mettono in primo luogo a repentaglio la vita e la libertà di milioni di donne nel pianeta, sia quelle che vivono nei paesi d'origine, sia quelle costrette a migrare per trovare migliori condizioni spesso disattese.

È per questo che ci pare fondamentale, anche considerando i ripetuti e pericolosissimi attacchi delle gerarchie vaticane all'autodeterminazione delle donne, all'aborto, alla libertà di scelta in materia di sessualità e famiglia, (materie al centro del lavoro del Tavolo di donne sulla bioetica), che nel 2001 il movimento delle donne si dia appuntamenti importanti a partire dall'8 marzo, per ridare a questa data la sua iniziale caratteristica di impegno politico e antagonista alle logiche istituzionali e del mercato.

È per questo che proponiamo di contestare i lavori dei G8 dando vita ad un appuntamento di donne tra fine maggio e giugno 2001, in accordo e colla-

---

38   Vandana Shiva, indiana, fisica quantistica ed economista militante ambientalista, è considerata la teorica più nota dell'ecologia sociale. È conosciuta grazie al successo di *Monocolture della mente* (1995), un best-seller tradotto in tutto il mondo, e in Italia anche grazie al documentario del 2009 di Ermanno Olmi, *Terra Madre*, che mostra la raccolta del riso, nei pressi della fattoria Navdanya nella valle del Doon, dove sono custoditi i semi delle varietà locali di riso, tramandati di generazione in generazione. Cfr. voce di Irene Bertazzo in http://www.enciclopediadelledonne.it.

borazione con le reti miste locali e nazionali (Retecontrog8 e Rete Lilliput) trasformando Genova nella capitale globale del movimento dei diritti civili e politici delle donne, che chiede il rispetto della democrazia, degli interessi collettivi diffusi e della giustizia sociale, contro le logiche di potenza.

Secondo Laura Guidetti tra i meriti di Punto G 2001 ci sono i nove mesi di gestazione:

> Nei quali abbiamo cercato di coinvolgere quanti più soggetti possibili e diffondere il programma, le cui giornate prevedevano anche l'articolazione tra gruppi di lavoro, momenti in plenaria, tavola rotonda, manifestazioni di piazza. L'intento era quello di occupare lo spazio pubblico con i nostri corpi di donne, superare l'approccio frontale, creare circolarità, agevolare la partecipazione – un modello vincente che abbiamo adottato anche in seguito. L'intuizione felice è stata quella di posizionare la data di Punto G ad un mese dal summit, per evitare di essere schiacciate, marginalizzate, oscurate nella rincorsa finale all'accesso ai media e quindi alla visibilità, visto che la nostra soggettività politica, nonostante l'appartenenza formale al Gsf, era fondamentalmente percepita come estranea. Abbiamo avuto agio per realizzare quanto ci eravamo proposte, senza che emergenze esterne intervenissero a modificare la nostra agenda. Quando, nel 2011, in occasione del decennale, ho riletto gli atti del 2001 mi sono venuti i brividi non solo e non tanto per la lucidità e la precisione dell'analisi quanto per la preveggenza di molti contributi. Abbiamo indicato già allora la necessità di decostruire i meccanismi del militarismo delle menti, di sottrarci al fascino omologante dei riti di guerra, avendo chiaro che questo comportava aprire un conflitto dentro al movimento. Ma queste parole non hanno scavato a fondo, non hanno sedimentato pensiero e pratiche differenti e oggi semmai la questione si è aggravata, anche a causa del maggiore isolamento politico e sociale in cui si trovano le poche e frammentate esperienze di resistenza nel nostro paese.

E aggiunge Monica Lanfranco:

Accanto al richiamo volutamente *birichino* quel Punto G aveva un senso preciso: "G" come Genova, come genere, come globalizzazione. Fu quella la grande, inedita novità, aver capito che la globalizzazione neoliberista, lungi dal rappresentare l'opportunità di condivisione potenziale e planetaria del meglio prodotto dall'umanità, si sarebbe rivelata come una tremenda e sventurata occasione di perdita, d'impoverimento non solo materiale. La globalizzazione riduce la molteplicità e complessità dell'umano a una sola categoria e attitudine: quella di chi consuma. Il mercato, diventando misura di ogni cosa, soffoca e limita con la lusinga delle merci, rendendoci dipendenti da bisogni indotti, incapaci di distinguere i desideri veri ed essenziali dalle lusinghe dell'apparenza. Credo che questa visione, messa a fuoco proprio in quel giugno a Punto G del 2001, sia stata il contributo più peculiare e nuovo: una visione che ha precorso i tempi, anticipando l'attuale, drammatico dibattito sulla violenza globale contro le donne e la mercificazione dei corpi.

Anche per rifare il punto su quei contenuti e riavviare un discorso interrotto, nel decennale delle giornate genovesi, nel 2011, si è voluto fare un nuovo Punto G a Genova, con un nuovo appello che legasse passato presente futuro:

Oggi, a distanza di dieci anni, le previsioni, le paure, le ragioni di allora sono ancora più evidenti. Cogliendo spunto dai dieci anni trascorsi e anche in rete con i movimenti misti con i quali molte di noi lavorano in spirito di collaborazione per la costruzione di momenti collettivi, che da giugno a luglio 2011 popolino Genova con la politica del cambiamento, della speranza e dei diritti, proponiamo a tutte coloro che da quei giorni non hanno mai smesso di portare avanti le ragioni di allora, e a tutte coloro che, pur non avendo partecipato a quelle elaborazioni, ogni giorno costruiscono elementi di un mondo diverso con le loro lotte e le loro pratiche di costruire assieme un nuovo Punto G Genova a giugno 2011. Vorremmo, a dieci anni di distanza, rincontrarci a Genova a giugno 2011 riprendendo il filo di Punto G, perché siamo state cambiate, oltre che dagli eventi successivi, anche da quell'incontro, che ha consegnato a molte la responsabilità di costruire un futuro migliore anche per chi non c'era.

Per usare le parole di Robin Morgan[39]: "Noi siamo le donne che sanno che tutte le questioni ci riguardano, che reclamano il loro sapere, reinventeranno il loro domani, discuteranno e ridefiniranno ogni cosa, incluso il potere. [...] Hanno tentato di negarci, definirci, piegarci, denunciarci; ci hanno messe in prigione, ridotte in schiavitù, esiliate, stuprate, picchiate, bruciate, asfissiate, seppellite – e ci hanno annoiate. Ma niente, neppure l'offerta di salvare il loro agonizzante sistema, ci può trattenere. Per migliaia di anni le donne hanno avuto responsabilità senza potere, mentre gli uomini avevano potere senza responsabilità. Agli uomini che accettano il rischio di esserci fratelli offriamo un equilibrio, un futuro, una mano. Ma con loro o senza di loro, noi andremo avanti. Perché noi siamo le Antiche, l'Essere Nuovo, le Native venute per prime e rimaste, indigene come nessuno. Siamo la bambina dello Zambia, la nonna della Birmania, le donne del Salvador e dell'Afghanistan, della Finlandia e di Fiji. Siamo canto di balena e foresta pluviale; l'onda sommersa del mare che monta, immensa, a spezzare in mille frammenti il vetro del potere. Siamo le perdute e le disprezzate che, piangendo, avanzano nella luce. Questo noi siamo. Siamo intensità e energia. Siamo i popoli del mondo che parlano – che non aspetteranno più e non possono essere fermati. Siamo sospese sull'orlo del millennio: alle spalle la rovina, davanti nessuna mappa, il sapore della paura acuto sulle nostre lingue. Eppure faremo il salto. L'esercizio dell'immaginazione è un atto di creazione. L'atto di creazione è un esercizio della volontà. Tutto questo è politica. È possibile. Pane. Un cielo pulito. Pace vera. La voce di una donna che canta chissà dove, melodia che spira come fumo dai falò campestri. Congedato l'esercito, abbondante il raccolto. Rimarginata la ferita, voluto il bambino, liberato il prigioniero, onorata l'integrità del corpo, ricambiato l'amante. Magico talento di trasformare

39   Robin Morgan, scrittrice, giornalista, attivista femminista statunitense.

i segni in significato. Uguale, giusto e riconosciuto il lavoro. Piacere nella sfida che porta, concordi, a risolvere i problemi. La mano che si alza solo nel saluto. Interni – dei cuori, delle case, dei paesi – così solidi e sicuri da rendere finalmente superflua la sicurezza dei confini. E ovunque risate, sollecitudine, festa, danze, contentezza. Un paradiso umile, terrestre, ora. Noi lo renderemo reale, nostro, disponibile. Noi disegneremo la politica, la storia, la pace. Il miracolo è pronto. Credeteci. Siamo le donne che trasformeranno il mondo".

All'incontro del 2011 arrivano relatrici da tutto il mondo: da Houzan Mahmoud, attivista kurda-irachena a Maryam Namazie, giornalista e blogger che si interessa di diritti delle donne in Iran e dei temi relativi all'Islam; da Soad Baba Aissa, algerina residente in Francia, femminista che si occupa di laicità, all'indiana Gita Sahgal, fondatrice del Centre for Secular Space e attiva contro tutti i fondamentalismi. Si confrontano con italiane di diverse età, molte non hanno partecipato al Punto G del 2001. Fra di loro anche Dacia Maraini che sostiene che «le voci isolate non smuovono nulla, ma tante donne insieme hanno un peso politico». Racconta Laura Guidetti:

> Il rischio di costruire un evento celebrativo ed auto-celebrativo era molto alto. Ma non c'era nessuna nostalgia del passato perché non eravamo rimaste intrappolate nelle maglie di una lettura univoca dei fatti di Genova, tutta sotto il segno della repressione e delle violenze. Anche in quest'occasione i rapporti con il movimento misto hanno riprodotto le stesse dinamiche e modalità: eravamo aggiuntive, estranee e per alcuni po' infastidenti. Anche questa volta è stato efficace aprire il mese delle celebrazioni in autonomia. Non c'era stata contaminazione tra le diverse istanze del movimento nel 2001 (nonostante "contaminazione" fosse un termine molto in uso all'epoca nella propaganda mediatica) e non poteva nascere nel 2011 sotto la pressione del "dover fare" sentita da alcuni degli allora protagonisti del Gsf, costretti a chiudere un'epoca segnata

non tanto da processi di ricomposizione e resistenza, quanto da processi giudiziari. Con questo non intendo certo negare le violenze e la sospensione dello Stato di diritto di quei giorni terribili, a cui hanno fatto seguito carriere e promozioni per chi se ne era reso responsabile. Ma l'attenzione rivolta a questi aspetti ha contribuito a mettere in ombra le ragioni del movimento. Del resto tra molti e molte era diffuso il sentimento di essere "reduci", "sopravvissuti protagonisti", dando agli eventi intorno al summit dei G8 di Genova una valenza di spartiacque della storia che personalmente non mi affascina né convince.

Non solo, l'altro fatto rilevante, secondo Monica Lanfranco, è che Punto G 2001 fu costruito, con il forte contributo di *Marea*, all'interno della "Marcia mondiale delle donne" che raccoglieva associazioni e singole, mentre dieci anni dopo questa rete era scomparsa:

In compenso, però, andavano emergendo gruppi di donne nuovi accanto a gruppi che resistevano, esperienze collettive cresciute e stimolate anche a partire da quell'appuntamento, assieme a molte donne singole interessate non solo a partecipare, ma anche a portare contributi attivi in eventi collettivi, di tipo artistico, letterario e politico. C'è poi la questione generazionale: alcune persone non hanno partecipato, nel 2001, soprattutto perché troppo giovani. Spesso queste e questi ex adolescenti hanno saputo, attraverso la narrazione dei media e degli adulti, solo una parte della storia e degli eventi del G8 di Genova, e la maggior parte di questi racconti hanno riguardato il dramma dell'omicidio di Carlo Giuliani e la macelleria del 20 e del 21 di luglio. Poco, troppo poco, è riuscito ad arrivare loro dei contenuti che avevano condotto centinaia di migliaia di persone a Genova, anche e soprattutto per seguire i dibattiti offerti dal Gsf a luglio, e un mese prima a *Punto G* dalla rete femminista. Ecco perché il decennale è stato improntato alla costruzione di un insieme di eventi che coinvolgessero un pubblico il più vasto possibile, intergenere e intergenerazionale, con attenzione sia ai momenti di parola (plenaria, tavola rotonda, seminari) sia a quelli di piazza, artistici e d'impatto emotivo[40].

E oggi, in questo momento di totale disorientamento, cosa significa essere femminista in Italia nel 2013?
È *"la domanda"*, attorno alla quale ho anche scritto il libro *Letteralmente femminista-perché è ancora necessario il movimento delle donne*, uscito nel 2009 per Punto Rosso edizioni – risponde senza esitare Monica Lanfranco – nel quale cerco di dare alcune risposte, che restano aperte, perché per me il movimento delle donne è un percorso sempre in evoluzione. Abbiamo seminato tanto, ma la maggior parte dei semi non ha germogliato o, se lo ha fatto, le piantine non sono poi cresciute fino a emergere nell'erba alta dell'indistinto. L'autorevolezza femminile nello spazio pubblico (e in quello privato) latita. Non solo non è riconosciuta dal mondo maschile, ma anche tra le donne crea problemi, dove non si è costruito un vocabolario essenziale con il quale articolare e produrre pensiero e comunicazione su valori condivisi estranei all'omologazione o alla sottomissione al patriarcato. Dirmi femminista significa dar conto, il più possibile, della coerenza tra l'essere e il fare che ho ereditato e imparato da molte donne, per esempio da Lidia Menapace, che ha attraversato il '900 con una generosità non comune. Essere una femmina, se all'inizio della comparsa nel ventre di mia madre è stato un caso, ha assunto nella mia vita un significato e una centralità imprescindibile. Per questo, una volta entrata nel mondo adulto, non ho mai condiviso l'affermazione secondo la quale "siamo tutti persone", spesso usata per conciliare fintamente, e non affrontare mai, l'inevitabile conflitto tra i due generi. Secondo questa visione il definirci così, persone, basterebbe per situarci nel mondo in modo automatico e indolore, senza discriminazioni. È la realtà a smentire

---

40   *Marea* ha prodotto due dvd con oltre sei ore di materiale che raccontano le tre giornate del 2011 e danno conto anche del 2001. Lo storico dell'evento è disponibile al sito al sito http://puntoggenova2011.wordpress.com.

chi lo sostiene: spesso usare il generico "persona" è un modo per sfuggire all'ingombrante verità che l'avere un corpo maschile o uno femminile non è indifferente, in ogni società e visione culturale. Essere persone non basta per essere degne di memoria, diritti, cittadinanza, libertà.

E c'è una grande responsabilità da parte di chi ha sottovalutato la necessità di trasmettere i saperi, i diritti e i percorsi che rendono possibile essere cittadine libere. Di certo la sciagurata stagione degli anni '80, con la quale ha avuto inizio la profonda crisi della sinistra e poi anche quella dei movimenti delle donne, dopo il periodo della conquista dei diritti, ha determinato una lenta ma inesorabile mutazione antropologica. L'avvento della tv commerciale, la velocità della tecnologia, lo stacco generazione reso anche più profondo tra persone native digitali e non, l'accelerazione di mutamenti politici radicali che hanno ribaltato i paradigmi precedenti, ha trovato la sinistra impreparata a questi cambiamenti. Anche parte dei movimenti di donne italiane, a mio parere, non ha tenuto conto dell'importanza di sottovalutare i mutamenti, o non ne ha voluto tenere conto. Vanno benissimo gli women's studies, restano interessanti gli approfondimenti teorici, ma quello che, secondo me, è successo di grave è che sia la politica sia la parte più accademica dei femminismi ha tralasciato di continuare a osservare cosa stava accadendo in questo paese: si stava, infatti, organizzando l'avvento di una soffice dittatura dell'ignoranza e del particolarismo localista, che ovviamente avrebbe portato alla cancellazione delle grandi acquisizioni di pari opportunità e cittadinanza di genere anche nelle relazioni tra i sessi. Oggi scontiamo tutto questo, assieme anche alla fortissima sottovalutazione generale dei movimenti progressisti dell'impatto e dell'importanza dei mezzi di comunicazione. Ricordo, nella mia piccola esperienza, di essere stata più volte sbeffeggiata da molte donne di vari gruppi quando offrivo la mia competenza per la formazione sulla comunicazione e l'informazione. Sostenevo che non era sufficiente costruire iniziative, ma che era vitale saperle comunicare e diffondere. Mi si diceva che era poco importante. Questa sottovalutazione ha permesso che molto del patrimonio dei movimenti sia andato non solo perduto nel tempo, ma anche non conosciuto laddove invece sarebbe stato possibile anche quando si stava sviluppando l'iniziativa stessa.

Purtroppo è successo, molti percorsi sono andati smarriti, ma la tenacia permette di riprendere in mano il filo e proseguire perché, come sottolinea Laura Guidetti:

> non si può dare per scontato e inviolabile niente di quanto è stato acquisito in termini di diritti formali e di senso comune. Siamo spesso costrette a intervenire su terreni già battuti per resistere allo smantellamento di conquiste recenti, ma che appaiono, specie alle giovani, datate di secoli. Anni di sforzi da parte del Vaticano e degli esponenti conservatori per esorcizzare il movimento femminista hanno influito sulle coscienze di larga parte di donne, specie giovani, che oggi a sentir parlare di femminismo si mettono sulla difensiva pur ignorandone del tutto i contenuti. Non possiamo permetterci che sia fatta *tabula rasa* del sapere femminista, piuttosto andrebbero indagati e diffusi i modelli di lotta e gli strumenti democratici ed inclusivi pensati dalle attiviste protagoniste di queste esperienze. Il 2013 verrà ricordato per l'evento mondiale ideato da Eve Ensler, *One Billion Rising*[41], una danza contro la violenza maschile il cui slogan recita "un miliardo di donne che danzano è una rivoluzione", una idea che molte e molti hanno snobbato considerandola una sciocchezza o un'esibizione del tutto priva di conflittualità. La forza attrattiva per me invece era contenuta in un concetto generalmente estraneo alla sinistra: una rivoluzione in cui non si balla non ci interessa. Quest'apertura degli orizzonti e delle

---

41   Si è trattato di un flash mob planetario che ha coinvolto milioni di donne, promosso da Eve Ensler, famosa per i suoi *Monologhi della Vagina* (Il Saggiatore, Milano 2008). Dall'India all'Afghanistan, dall'Australia al Congo, dalla Danimarca alla California, le donne hanno scelto il giorno di san Valentino per rivendicare diritti, rispetto e felicità.

pratiche, per prefigurare un cambiamento che è anche attraente e seduttivo, è per me un dono del femminismo.

Laura, chiudiamo con un altro tema spinoso del dibattito attuale, siamo o no nell'epoca del post patriarcato?
Diffido dei termini preceduti dal prefisso *post*, innanzitutto perché spesso non viene definito il termine temporale spartiacque tra un prima e un dopo. Quando sarebbe finito il patriarcato e dove? Non volendo rimanere nella ristrettezza di uno sguardo provinciale proprio in epoca di globalizzazione, mi fa fatica pensare alla "fine del patriarcato in un paese solo". Anche perché, per dirlo con una battuta, "nessuna è libera finché tutte le donne non lo sono".

Capitolo 3
2001
Esprimi un desiderio al Sexyshock

«Solo ad alcuni tipi di corpi e di sessualità è stata permessa
la libertà a la sicurezza di apparire nella loro interezza».
Elizabeth Bernstein[42]

L'inizio di questa storia è un po' triste. Infatti tutto cominciò quando un
Comune[43] di centrosinistra decise di aiutare il Movimento per la vita ad
entrare in un consultorio pubblico. In incredibile sintonia, il governo di
centrodestra provò a rimettere in discussione la legge sull'aborto[44].

È bastato poco e la tristezza è stata cancellata dall'allegria della rivolta: è il 30 giugno 2001 quando circa tremila donne invadono
con abiti colorati le vie del centro di Bologna. È una manifestazione gioiosa: molta musica, molta ironia, molta affermazione della
propria capacità di fare politica. Sono scese in strada per difendere
i consultori pubblici e la legge 194 sull'interruzione di gravidanza.
Quel giorno nasce l'idea del progetto Sexyshock che, qualche mese
dopo, a dicembre, entra all'interno di uno spazio occupato (Teatro
polivalente occupato di Bologna – Tpo) per creare un laboratorio
politico aperto alle donne. Un luogo pubblico di discussione ed
elaborazione di temi che non sempre sono presi in considerazione
nei movimenti misti. Anzi, il movimento dei movimenti, così come

---

42   Elizabeth Bernstein, docente di sociologia e women's studies, autrice di *Tempora-
neamente tua. Intimità, autenticità e commercio del sesso*, Odoya, Bologna 2009.

43   Il comune è quello di Zola Predosa nell'hinterland bolognese.

44   In grigio i brani tratti dal documento di apertura del Sexyshock che si intitola
Esprimi un desiderio.

sarà chiamato dalle proteste del 1999 di Seattle in poi, non ha realmente messo in discussione il maschilismo della società, a partire dalla sua stessa organizzazione interna e della società civile coinvolta. Le donne del Sexy vogliono altro e lo dicono in maniera chiara, inaugurando uno stile leggero e provocatorio che rompe anche con la tradizione dei movimenti femministi italiani.

La famiglia, la maternità, il lavoro di cura, il lavoro precario, ruoli che molti ci vorrebbero imporre, togliendoci la libera scelta. Ma questi sono abiti che ci vanno troppo stretti, che non ci valorizzano, che ci fanno sentire poco "sexy". La tuta per fare le pulizie, la divisa da donna-soldato, il tailleur per l'ufficio, il burqa. È una questione di immaginario oltre che di ruoli sociali. Un immaginario colonizzato dai marchi che ci cuciono addosso stili di vita, dai brevetti che ci modificano geneticamente. Un immaginario che va liberato, che bisogna riconnettere alle infinite forme del desiderio.

È anche una questione di linguaggio, di forme della comunicazione. L'industria culturale produce comunicazione sessuata, funzionando ancora oggi come tecnologia politica del genere. Un discorso che si rivolge in maniera differenziale a uomini e donne, come se il genere coincidesse con la differenza biologica, come se fosse una proprietà originaria dei corpi, legittimando divisione sessuale del lavoro e ruoli sociali differenti.

Il femminismo ci ha invece raccontato che la Donna non esiste, che esistono invece le donne come soggetti storici di relazioni reali, che abitano corpi che sentono, desiderano e parlano in modi differenti. Le donne non cercano più un universale che le possa contenere e rappresentare, desiderano invece esprimere la potenza delle molteplici soggettività femminili e dei loro linguaggi, articolando le differenze delle donne dalla Donna, muovendosi dentro e fuori dal genere.

Desiderio. È una parola antica dal sapore nuovo. Le Sexy la sottraggono alla riflessione teorica accademica, la prendono e la mettono al centro del loro discorso e soprattutto della politica. Il loro primo desiderio è quello di un nome collettivo, nel senso di un unico nome

per tutte, fra loro e anche nei rapporti con l'esterno sono "Le Betty".
Usano spesso la chiocciola @ per non dovere indicare il genere e per
rivendicare anche una politica del collettivo piuttosto che della singola donna che ne fa parte. Il loro spazio si tinge di rosa e di fucsia,
di quel pink che ha attraversato anche le strade di Genova 2001.
Sexyshock è il primo sexy shop autogestito da donne e rivolto alle
donne in Italia.
La loro ambizione è quella di avere un luogo per parlare di sesso e
sessualità in maniera consapevole e creativa, senza ricreare il modello dell'autocoscienza degli anni Settanta ma avendo cura di abitare
uno spazio accogliente, in cui nessun@ si senta a disagio.

Un luogo costruito su un territorio scivoloso e inospitale per le donne: una
cultura sessuale declinata al maschile e regolata dalla doppia morale, da un
lato la censura, il segreto, la vergogna, dall'altro la mercificazione, la so-
vraesposizione dei corpi, la banalizzazione delle esperienze. Se solitamente
in un sexy shop si "spaccia roba pornografica", nel Sexyshock si vendono
giochi per fare sesso, per procurarsi e procurare piacere. Come già fanno le
donne del Women's Erotic Emporium di Londra Sh! www.sh-womenstore.
com dal 1992, in un luogo rilassante, accogliente e stimolante. Alcuni
degli oggetti che saranno nel Sexyshock sono gli oggetti che le donne di
Sh! si fanno costruire da un piccolo laboratorio, fuori dal giro commerciale dei "normali" sexy shop. Ci saranno anche fumetti, video, vestiti, un
chocolate-cafè, preservativi, libri.

Le Betty scelgono alcune aree di ricerca: lavoro e sicurezza, biotecnologie, linguaggio e comunicazione, sessualità e piacere. Studiano
per sottrarre la sessualità alla pornografia e ai media, per riportarla
nella sfera della fantasia, del piacere, del divertimento e del rispetto
dell'altro/a.
Per cui nelle loro iniziative rovesciano molti significati della cultura
dominante e la loro "arma", nell'epoca della guerra globale, è una
grande autoironia che gioca con le identità sessuali e gli stereotipi sul
genere femminile. Dialogano con i femminismi storici ma sperimen-

tano altri linguaggi, interagiscono con l'attivismo pink e queer[45] e si concentrano, negli anni in cui viene discussa la legge 40 (norme sulla procreazione assistita), sul corpo e sulle biotecnologie e la bioetica.

Inventano pratiche giocose per fare politica, come il campionato di stiro acrobatico e la "Macho free zone" sulla sicurezza delle donne e sulla prevenzione della violenza sessuale e di genere, collaborando anche con Lila (Lega italiana di lotta contro l'Aids). Aderiscono e promuovono le campagne del Comitato per i diritti civili delle prostitute di Pordenone.

Fra i tanti cicli di seminari che hanno proposto c'è anche ConSensuality, incontri per imparare la "sensualità consensuale" attraverso pratiche e tecniche erotiche.

Il motto è: «L'immaginazione è un muscolo? E allora: esercizio!». Si va tutti a scuola, maschi e femmine, per imparare la cura del proprio corpo e di quello del partner, si studia l'anatomia degli organi sessuali con tanto di consigli su come ricorrere a pratiche di sesso estremo in totale sicurezza. Con l'aiuto delle spagnole di Bricolaje Sexual[46] si costruiscono giocattoli erotici artigianali come vibratori che utilizzano i motori degli spazzolini da denti.

Non mancano i compiti a casa: impara a "pervertire il partner facendogli foto erotiche senza censure".

> ConsenSuality – dicono le Betty – vuole soprattutto trasmettere un'attitudine hacker: "mettere le mani" nelle tecnologie del piacere per non diventare macchine. Ce n'è per tutti i gusti, gli orientamenti sessuali e le preferenze, basta non risparmiare la fantasia rispettando il limite fra la propria e quella altrui.

---

45   All'inizio degli anni Novanta sulla scena teorica internazionale degli studi di genere e gay-lesbo-femministi irrompe la parola queer, che in inglese è una parola dello slang per indicare in maniera offensiva un gay – l'equivalente del nostro frocio o culattone – ma può significare anche bizzarro, strano, curioso. La teoria queer è stata introdotta accademicamente da Teresa de Lauretis, nell'ambito di una conferenza tenutasi all'Università della California, Santa Cruz, nel febbraio 1990.

46   Vedi http://www.bricolajesexual.net.

Sexyshock è stato principalmente:

Un luogo in cui sottrarre la sessualità alla cultura mercantile e restituirla ad una cultura delle relazioni capace di valorizzare le differenze, lontana dai giudizi e dalle semplificazioni, dai ruoli e dagli irrigidimenti identitari. Uno spazio dove riunirsi, dove archiviare materiale, un punto informativo che diventi riferimento per le donne in città e non solo. Un "luogo mentale" in cui rendere visibili e fruibili i percorsi delle donne, progettualità aperta che sia interfaccia tra altre progettualità. Per riprodursi come una cellula staminale creando nuovi tessuti. Dentro al genere, oltre il genere. Uno spazio pubblico di contaminazione, un laboratorio politico di analisi delle mutazioni avvenute e a-venire. Un software libero per la diffusione orizzontale delle energie di resistenza e liberazione, che prefiguri la costituzione di una sfera pubblica non statuale. Che assume il movimento e la sua esigenza di mettere fine alla rappresentanza come principio di realtà. Ma anche e soprattutto come principio di piacere. Per sottrarre territori alle zone rosse che quotidianamente viviamo e che non possiamo attraversare. Che dice basta al bisogno di autorappresentazione. Che vuole cooperazione. Per questo è difficile parlare di Sexyshock. Che è innanzitutto un sentire che cerca di immaginare nuovi scenari, nuovi mondi. La moltitudine è irrappresentabile, ma le differenze che la abitano devono avere visibilità.

Le Betty prendono le distanze da un certo modo di fare politica, anche a sinistra. Parlano di tessere relazioni nuove fra donne, e fra donne e uomini, che vada oltre le classificazioni delle rigidità ideologiche, non solo di genere. Esprimono il desiderio di una contaminazione reale fra differenze, parlano di collaborazione e di fare politica in maniera orizzontale e partecipata, a partire da quel che si desidera non da quello che il movimento/partito/sezione impone.
È inevitabile che questo loro approccio diventi un motivo di conflitto anche dentro lo spazio occupato del Tpo di Bologna. Criticano la gestione verticistica del centro sociale, il non essere realmente un luogo dove sperimentare «nuovi modelli di relazione e produzione di senso, di società, di piacere» mentre loro sono convinte che

«sia possibile incidere senza disporsi a piramide, moltiplicarsi senza clonarsi, diversificarsi senza disperdersi, parlare senza ricorrere alla rappresentanza».

In un documento intitolato *Good Bye Lenin*, leggiamo:

> Le Betty provengono tutte da vissuti e spazi diversi a volte distanti. Sexyshock è quindi la scommessa di un gruppo di donne di giocare con i temi della sessualità e delle identità, un laboratorio per sperimentare nuove forme di comunicazione e di relazione. Le mura, i portavoce, le agende, il modello unico della politica gli stanno evidentemente stretti, per questo Sexyshock non può più continuare a trasformarsi dentro il Tpo. Le progettualità del Sexyshock andranno oltre queste mura, perché è lo spazio che si dà alla qualità delle relazioni il terreno su cui vogliamo camminare e lavorare. Abbiamo tanti orizzonti, nessuna prospettiva assoluta, nessuna analisi globale, nessuna verità. Abbiamo dalla nostra parte il prisma consapevole delle nostre parzialità e delle differenze e una gran voglia di andare avanti. E in una fase di trasformazione necessaria al nostro agire politico sappiamo di non essere sole.

Infatti non sono sole, molte le donne che in tutta Italia seguono il loro lavoro e condividono le parole con cui hanno iniziato:

> Perché la sessualità è il grado zero del desiderio di connessione. Perché l'esperienza della sessualità eccede la logica delle opposizioni binarie: maschio-femmina, materiale-simbolico, corpo-mente, natura-cultura, privato-pubblico, potere-piacere, dono-mercato, personale-politico. Perché vogliamo provare a parlare di corpo, di piacere, di desiderio come universi di senso e motori di trasformazione, di mutamento, come esperienze complesse che coinvolgono l'intera persona, il soggetto nella sua totalità. Perché i corpi lavorano, comprano, vengono violentati, prostituiti, ma desiderano anche, provano piacere, fanno l'amore. Perché questa complessità non viene riconosciuta, non ha ancora un sistema di rappresentazione. Sembra che non sia comunicabile perché contraddizione vivente.

Ma la realtà è fatta di questo: contraddizioni che vivono, si muovono, si attraversano, si contaminano e mutano. Lasciamole parlare. Lasciamole godere.

Non è stato facile far parlare e godere i desideri, la sessualità fa paura e la resistenza nasce spesso negli stessi luoghi in cui si vorrebbe fare la differenza. Le Betty non si sono arrese e hanno arricchito Bologna con il loro prezioso contributo.

Dopo alcuni anni, il progetto ha poi proseguito nello spazio di Betty&Books, un negozio di sex toy, libri e oggetti di design e da collezione che è nato dalla collaborazione fra le idee e le pratiche di Sexyshock e quelle di Ibiscus, cooperativa nata da una Betty e da altre persone, nel tentativo di valorizzare riflessioni e sensibilità acquisite e ricavarne di che vivere. Oggi lo spazio è anche online[47], basta un click per scoprire le infinite potenzialità dei nostri desideri.

---

47   Vedi http://betty-books.com.

Capitolo 4
2002
La disobbedienza ha le zinne

«Siamo giunti fino a qui per gridare,
assieme con tutti voi, che non più,
mai più esisterà un Messico senza di noi».
La comandanta Ramona[48]

24 febbraio 2001. È notte fonda quando la delegazione italiana arriva in Chiapas, tardi per ascoltare il primo acto della Comandancia ma ancora in tempo per vedere i passamontagna riversati nella piazza del paese, migliaia di persone che si appoggiano a dormire per terra, su cartoni o plastiche, tutti vicini l'un l'altro, donne, bambini e anziani. È da questo paese all'estremo sud del Messico, San Cristóbal de Las Casas, che l'indomani partirà la carovana zapatista diretta al Congresso di Città del Messico per chiedere al Parlamento messicano la pace, il rispetto dei diritti e della cultura indigena, la smilitarizzazione del Chiapas e la liberazione dei prigionieri politici[49].
Dall'Italia siamo partite/i in molti, esponenti della società civile, giornalisti, delegati di Rifondazione comunista, persone comuni, il prete "militante" don Vitaliano Della Sala, il gruppo musicale dei 99 Posse. Con noi ci sono anche ben «centoundici tute bianche, in rappresentanza delle centoundici comunità zapatiste della selva

---

48   La comandanta Ramona è stata comandante dell'Ezln – Esercito zapatista di liberazione nazionale – del Chiapas. È fra le personagge scelte per il videogioco She game ideato dall'associazione culturale Connettive di Roma (http://www.shegame.altervista.org).

49   Il primo gennaio del 1994, giorno dell'entrata in vigore del Nafta (Trattato di libero commercio del Nord America), il mondo intero viene a conoscenza dell'esistenza in Messico dell'Eznl (Esercito zapatista di liberazione nazionale), fondato nel 1983. È un movimento armato clandestino, di ispirazione marxista e indigenista, attivo in Chiapas, una delle zone più povere del paese dove vivono le minoranze etniche discendenti dai Maya. Il più famoso portavoce dell'Ezln è il subcomandante Marcos.

Europa»[50], sono i futuri Disobbedienti che, pochi mesi dopo, indosseranno a Genova i passamontagna alla maniera zapatista per dichiarare guerra simbolicamente ai potenti della terra.

Nel gruppo delle tute bianche ci sono anche diverse donne. Le ho osservate curiosa delle loro relazioni con i leader del gruppo, e all'epoca non ho notato particolari riflessioni di stampo "femminista", piuttosto ho rilevato gli atteggiamenti maschilisti dei "capetti".

Poi qualche mese dopo ci ritroviamo tutti a Genova, le tute bianche dietro plexiglas e coperture di gomma, altre e altri invece danzano nel Pink Block, al ritmo della Torino Samba Band-Rhythms of Resistance, e contestano il summit ufficiale con creatività, fra fischietti, giarrettiere e musica. Trascorre un anno e nel 2012 circola in rete un documento dal titolo *La disobbedienza ha le zinne*, firmato Assalti A-salti. Mi chiedo: «Forse che le donne in tuta si sono ribellate ai loro leader uomini, saltando a passo di danza?». Sì e no.

Scopro che a scrivere il testo, che si discosta dalla tradizionale prosa di Casarini&Co.[51], sono due donne torinesi che hanno frequentato in maniera critica l'area della disobbedienza tra la fine degli anni '90 e l'inizio dei 2000, poi sono andate a Genova nel 2001 e hanno manifestato,

> cercando di schivare i lacrimogeni e le botte ma anche al tempo stesso per esprimere dissenso e agire il conflitto con forme che andassero al di là delle logiche guerresche. Sicuramente dall'esperienza di Genova e dalle riflessioni che ne sono seguite sono maturate le valutazioni e le proposte del documento[52].

Rintraccio le autrici dopo anni che tengo nel cassetto quel loro scritto e accettano di rispondere alle mie domande e curiosità.

---

50   Vedi http://www.ecn.org/yabasta.roma/pagine/mex01.html.

51   Luca Casarini è un attivista italiano ed è stato considerato uno dei leader del movimento no-global italiano.

52   Intervista rilasciata all'autrice da chi ha scritto *La disobbedienza ha le zinne*.

Preferiscono mantenere l'anonimato[53], raccontano di aver lavorato nel mondo della cooperazione, della ricerca, dell'associazionismo, del cinema. Sono partite e hanno trascorso diversi anni all'estero all'inseguimento di un po' di riconoscimento professionale. Al momento vivono fra l'Italia e il Portogallo.

Abbiamo scritto questo testo sull'onda dell'esperienza di Genova, avendo anche in mente quello che era successo a Praga nel 2000[54], quando il blocco rosa, che aveva scelto la frivolezza tattica, è stato quello più efficace negli "assalti" alla zona rossa. Volevamo cercare di dare uno scossone al movimento della disobbedienza, proponendo strategie di protesta più ironiche e inclusive, e non per questo meno efficaci – spiegano le due ghostwriters disobbedienti – Eravamo anche convinte che promuovere il "modello" della frivolezza tattica fosse anche un modo per dare impulso a un maggiore protagonismo delle donne del movimento, che durante i cortei no-global spesso sceglievano le seconde file o al massimo facevano le "crocerossine" dopo gli scontri. L'idea iniziale era di creare un collettivo di scrittura basato sull'ironia (e soprattutto l'autoironia) e ispirato all'esperienza di Wu Ming[55]. Per la verità, poi abbiamo scritto solo due testi e abbiamo continuato a fare delle cose assieme, ma in altre forme.

Sul sito della Torino Samba Band-Rhythms of Resistance leggiamo che

attraverso la frivolezza tattica è possibile stare in piazza in modo performativo e pacifico, evitando lo scontro diretto con le forze

---

53   Sull'anonimato come scelta politica vedi cap 12.

54   A settembre del 2000 movimenti sociali da tutto il mondo si diedero appuntamento nella capitale ceca per protestare e contestare il vertice della Banca mondiale e del Fondo monetario internazionale.

55   È un gruppo di scrittori che usa un nome collettivo divenuto celebre con il romanzo *Q*, pubblicato da Einaudi, Torino 1999.

dell'ordine, portando avanti i propri obiettivi. Si tratta di agire con un atteggiamento che sovverte le logiche violente del confronto con le forze dell'ordine e che permette un livello di partecipazione e di coinvolgimento molto alto. Vogliamo comunicare non solo dissenso ma anche la gioia della lotta. [...] I tamburi costringono all'attenzione, disturbano e smorzano la tensione. Allo stesso modo la danza disorienta le forze dell'ordine con movimenti pelvici e conturbanti, conquista spazi e infrange i divieti imposti.

Anche le parole scorrono a ritmo di danza nel testo che ci spiega perché la disobbedienza ha le zinne:

Premessa: questo non è un articolo femminista, ma un atto di cre-attività femminile rivolto a tutti i generi esistenti sul globo terracqueo.

Nella mente di una donna c'è sempre uno spazio per il concepimento. Da questo luogo mentale possono nascere non solo nuovi bambini, ma una miriade di possibilità, atti creativi, sogni impossibili-travolgenti-realizzabili. La parola chiave di tutta questa effervescenza è CRE-AZIONE. Noi crediamo che come donne, a partire dalle nostre vite, dovremmo cominciare a prendere in mano e far fruttare questo nostro spazio interiore, che è lì e aspetta solo di essere sguinzagliato.

Come donne più o meno militanti o orbitanti all'interno del movimento ci lasciamo troppo spesso affascinare e trascinare da modelli di lotta-comunicazione-attivismo di segno maschile. Invece quanta ricchezza riusciremmo ad apportare in più al movimento se partissimo dalle nostre identità, visioni e corpi di donne? Forse se cominciassimo a raccontare, informare e ragionare con modalità, strategie e prospettive che sentiamo più nostre potremmo offrire a tutti una possibilità di migliorare e superare i propri limiti. Vogliamo restare all'interno di questo movimento ma lasciar esplodere i nostri desideri sovversivi, il nostro erotismo invasivo. Vogliamo colorare i conflitti presenti e futuri con la violenza della nostra fantasia.

Diamoci dei compiti, facciamo delle scommesse: in quanti modi diversi possiamo guardare e ribaltare le tematiche più attuali? Che accade nei luoghi sotto-smantellati della terra, geopoliticamente brutti, sporchi e cattivi? E se fossero proprio delle contalinghe (leggi contadine e casalinghe) a insegnare una violenta ed efficace non-violenza ai nostri immaginari per riprenderci le vite, le strade e l'aria?[56]

Iniziano con un *incipit* categorico: questo non è un articolo femminista.
Perché? Cosa non piace del femminismo? Molti dei temi nominati in realtà sembrano arrivare proprio da quella storia.

La domanda è d'obbligo: femminismo è una parola che vi sta stretta, vi dà noia o semplicemente si può dare per scontata?
«Non volevamo rinnegare un fatto storico fondamentale, le cui lotte sono state importanti e continuano ad esserlo – spiegano le due autrici – più che darci noia, desideravamo andare al di là delle etichette, cercare parole nuove. Il femminismo ha tante facce e forse non avevamo (ancora) trovato quella che ci faceva sentire più a nostro agio. Probabilmente ciò che volevamo lasciare indietro di un certo tipo di femminismo erano le tendenze più ideologiche e moraliste. Pur partendo da un punto di vista di genere, avevamo l'intenzione di rivolgerci a tutt@, non solo alle donne ma anche agli uomini del movimento. Sentivamo il bisogno di provare a esprimere qualcosa di nuovo, probabilmente molto vicino al femminismo ma che volevamo definire in un altro modo (postfemminismo?)».

Loro come altre non vogliono essere etichettate, è un punto che ritorna nei femminismi del nuovo secolo, non si vuole rimanere ingabbiate in ideologie o steccati. Anche il loro riferirsi al "concepimento" non è pensato riguardo alla maternità materiale ma è riferito «a un atto creativo e simbolico che ognun@ è in grado di compiere, donna-uomo-transessuale-bisessuale, tutta la comunità Lgbtqi. L'immagine del concepimento è servita puramente come

---

56   In grigio, i brani tratti dal documento firmato da Assalti A-salti che s'intitola *La disobbedienza ha le zinne.*

immagine». Così come altre icone, un po' distanti dalla nostra realtà quotidiana, sono prese da loro come riferimenti:

In un giorno propizio del 1973, un gruppetto di donne himalayane, stanche delle prepotenze del supermercato dell'avvenire che voleva mettere in vendita la legna delle loro foreste, iniziarono la lotta usando come armi i loro corpi e i loro simboli. Finirono di dar da mangiare ai bambini, lanciarono uno sguardo agli uomini curvi sul campo di oppio e, camminando, serene ed aguerrite, si immersero nella foresta vicina ai loro villaggi. E si misero ad abbracciare gli alberi che ben conoscevano. Altri e altre le seguirono, abbracciando e difendendo, per vari giorni, con i loro corpi, la vita della loro comunità, della loro già martoriata regione, dando vita alla forma di lotta detta chipko (in lingua locale "abbraccio"), che si diffuse rapidamente in tutto il paese. Dopo un periodo di accesi scontri con polizia ed esercito, l'impresa responsabile rinunciò al suo intento, e il governo himalayano si vide costretto a porre dei limiti allo sfruttamento commerciale delle foreste: i chipko-abbracci avevano vinto!
L'abbraccio delle donne himalayane è un'altra forma dell'attivismo no-this-global ("no questa globalizzazione" *n.d.r.*). È un esempio collettivo e condiviso di cre-attività e ottima comunicazione attraverso un uso innovativo di simboli antichi ricombinati con lotte attuali.
E adesso voce al pentolame e alla rabbia artistica delle donne d'Argentina. Che razza di artiste ci troviamo davanti di questi tempi? Sono creative esponenti della scuola della casseruola, che con il loro lavoro/non-lavoro quotidiano, invisibile, mai pagato e riconosciuto, hanno saputo creare e ricreare servizi sociali e sanitari indispensabili, ora più che mai. Hanno fronteggiato il tracollo economico e finanziario del paese intero e si sono autorganizzate, hanno dato vita a forme nuove di protesta cacerolaza, e hanno creato mense e servizi pubblici attraverso una rete schiamazzante e informale di solidarietà femminile. Le cuoche tanguere non sanno preparare le ricette miracolose del Fmi, non sanno cosa siano i suoi aiuti avvelenati, i suoi prestiti da usurai, usurpanti di dignità, pace, e diritti d'ogni ordine e grado. Sanno invece produrre e saggiamente dosare rabbia, sapere e disobbedienza con grande generosità, e non solo in Argentina.

Nel Nord come nel Sud ci troviamo nella stessa posizione all'interno delle nostre società: sottopagate per il primo lavoro, non pagate per il secondo e sovraccariche sia dentro che fuori casa. Il reddito sociale, uno dei temi "forti" del movimento "nostrano", se riallacciato alla condizione femminile assume una maggiore forza rivendicativa, tutta da giocare al di là delle differenti contingenze culturali, geografiche, economiche e sociali. Le politiche di "snellimento" del welfare adottate ovunque dai governi filo-liberisti non faranno che aumentare le nostre ore di lavoro. Se non ci facessimo carico quotidianamente di servizi sociali e sanitari indispensabili la società stessa non potrebbe sopravvivere. La disponibilità di un reddito sicuro diventa un obiettivo addirittura minimalista se consideriamo la mole del lavoro femminile non pagato, i cui frutti ricadono sulle nostre famiglie, le nostre comunità di appartenenza e sulla società intera.

È il 2002: quando nei movimenti contro la globalizzazione neoliberista si parla di reddito minimo garantito non si considera quasi mai, soprattutto nei gruppi misti, l'elaborazione femminista sul mancato riconoscimento, anche in termini economici, del lavoro di cura e riproduttivo. Qui non solo viene detto con chiarezza ma lo si mette in relazione anche alle esperienze di altri paesi:

Sembra che il movimento internazionale no-this-global abbia incorporato alcune di queste visioni e pratiche al femminile. Secondo Naomi Klein il popolo di Seattle è composto soprattutto da giovani donne, agguerrite e disilluse. Nelle ultime manifestazioni internazionali contro i forum dei potenti abbiamo visto un flusso rosa-pink-shocking inondare le strade e spesso raggiungere i punti nevralgici delle zone rosse, materiali e mentali. Spesso le fautrici della frivolezza tattica sono riuscite ad irrompere tra le fila delle forze dell'ordine attraverso l'uso di armi "improprie" sensuali e proromperti: fiorellini profumati, vestitini improbabili, sculture di gomma piuma morbide e leggere, danze e spettacoli improvvisati e improvvisi, attacchi frontali a suon di baci schioccanti e mostra di nudità militanti, lascive e gioiose.

A questo punto nei nostri cuori disobbedienti e palpitanti sotto i vestitini attillati, si fa strada una domanda: Quando si scatenerà anche nelle strade italiane quel vortice rosa disordinato e responsabile, irriverente e sbeffeggiante, che ha già contagiato le reti anti-this-global europee? Vogliamo continuare a lasciare che tutta la scena sia occupata dai nostri amici maschietti, tanto simpatici ma spesso tanto monotoni con i loro modelli bellicisti? A Praga 2000 e a Genova 2001 abbiamo visto negli spezzoni italiani solo un protagonismo di corpi maschili, nella versione più anacronistica dello scontro di piazza modello anni '70 o in quella più rinnovata e fantasiosa dell'esercito neomedievale, con protezioni e gommoni. Ricorre l'archetipo maschile dell'esibizione di forza, giocato in maniera più o meno intelligente e autoironica (ma la capiranno tutti questa ironia?). Intanto in altre zone delle città, in altri luoghi fisici, corporei e psichici, si metteva in scena un altro atto di quella grande commedia (che purtroppo si è rivelata avere dei risvolti fin troppo reali, con il loro carico di morte), un atto che vedeva in azione soprattutto corpi di donne provenienti dal nord, che mettevano in pratica un modello più femminile, pacifico e creativo, ma non per questo meno efficace nella sua comunicatività. Perché questa differenza nelle pratiche di lotta? Avrà forse a che fare con la persistenza di una cultura maschilista, ancora strisciante sotto un'apparenza di parità fra i generi, che affligge il nostro bel paese?

Toccano un tasto dolente: il maschilismo e il sessismo dentro i movimenti di sinistra, che vogliono un altro mondo possibile ma che non cambiano al loro interno le dinamiche di potere fra i sessi e le relazioni fra uomini e donne. Quelli che ci riescono sono una minoranza nella minoranza, non fanno scuola.

Poco dopo affrontano un altro nodo che attraversa tutta la storia dei movimenti, l'uso eventuale della violenza. Un tema dibattuto, su cui spesso il confronto è venuto meno – ogni gruppo arroccato sulle proprie posizioni – e su cui ancora oggi si continua a ragionare[57].

---

57   Cfr. L. Muraro, *Dio è violent*, Nottetempo, Roma 2012.

Non vogliamo sollecitare la diffusione del movimento pink-pacifista anche in Italia. Non vogliamo nemmeno criticare l'area dei disobbedienti, di cui ci sentiamo parte, a partire da posizioni di aprioristica non violenza. Con tutta probabilità questo percorso rappresenta la punta più avanzata e innovativa del movimento no-this-global italiano, ma siamo convinte che possiamo fare di più, e che il futuro miglioramento dipenderà dalla nostra capacità di far esplodere un nuovo protagonismo femminile. Non vogliamo più stare a guardare mentre i nostri compagni mettono in gioco i loro corpi nei modi che sembrano loro più opportuni.

Spiegano le autrici del testo:

> Non eravamo in aperta polemica con nessuno in particolare. Fin da subito il movimento no-global si è scontrato con la difficoltà di affrontare il nodo della violenza e rispondere in maniera efficace a chi cercava di dividere i buoni dai cattivi. Noi non eravamo a favore o contro la violenza a priori. Semplicemente pensavamo che lo scontro di piazza potesse essere una strategia in alcuni casi utile, ma che il più delle volte taglia fuori tantissime persone che non potrebbero e/o vorrebbero partecipare alla protesta secondo le modalità della aggressione fisica. La violenza può essere utile e necessaria ma non si esaurisce nello scontro fisico, e soprattutto deve essere pensata in maniera collettiva e orizzontale, non restare appannaggio di pochi (avanguardie o schegge impazzite). In questo senso siamo d'accordo con l'idea che questa possa essere la forza di dire no, e che possa esprimersi attraverso altri linguaggi, altri corpi e altre pratiche, ugualmente contundenti.

A proposito di violenza/nonviolenza, scrive la giornalista Rosa Mordenti:

> Il contratto sociale alla base della costruzione dell'Europa moderna non vale più. Il patto che ne era alla base è rotto; la contrattazione che lo sostituisce è fasulla, e la sua falsità emerge dal con-

fronto dei rapporti di forza in campo. Le donne, che in fondo da quel contratto sono sempre rimaste fuori, e che portano l'eredità della critica femminile e femminista a quel patto, hanno di questa fine del contratto una competenza maggiore. Questa competenza è una cosa complicata da gestire, ma ha diverse radici. La più importante è la consapevolezza che la violenza comincia e finisce nelle case e lì ritorna, e nessuna legge e nessuna giustizia hanno mai davvero tentato di arginarla. Finirà solo quando le donne diranno basta, con forza, e smetteranno di sopportare[58].

Il testo disobbediente va in questa direzione, non solo rispetto al tema della violenza, ma anche nel dire con forza che c'è necessità di un nuovo protagonismo femminile anche dentro i movimenti misti. Chi lo ha scritto ha voluto

guardare con occhio critico quali erano le pratiche adottate fino a quel momento e provare a immaginare modalità di azione politica più inclusive e trasversali. Nel nostro gruppo, e nei gruppi che abbiamo frequentato in quegli anni, abbiamo cercato di creare performance e forme di protesta partecipate ed efficaci in cui i modelli di genere si ricombinavano continuamente. Abbiamo potuto farlo anche grazie alla contaminazione con la realtà queer torinese.

È a Torino che nel 1985 nasce Maurice[59], fra le prime associazioni a lavorare su discriminazioni e pregiudizi rivolti in particolar modo alle persone Lgbtqi, per la libera espressione dell'orientamento sessuale e dell'identità di genere.

---

58   Il contratto sociale indica il patto tra governati e governanti, che implica obblighi precisi per ambedue le parti. La critica femminista ha sottolineato la natura maschile e maschilista di questo patto fra uomini usato, fra l'altro, per controllare il corpo femminile. Cfr. R. Mordenti articolo online: http://comune-info.net/2012/07/la-forza-felice/.

59   Il nome è ripreso dal romanzo di E.M. Forster, *Maurice*, pubblicato postumo nel 1971.

Un contesto fecondo, che ha permesso di elaborare alternative nelle pratiche di lotta:

Vogliamo mettere anche noi in gioco i nostri corpi di donne, e dare libero sfogo alla nostra immaginazione attiva, dando vita ad un proliferare di azioni e soggettività differenziate ma coordinate e organizzate. Il movimento pink non è un riferimento ideologico, ma uno spunto da cui trarre ispirazione, e da contaminare con le nostre storie, i nostri legami e i nostri saperi. La nostra moltitudine è femmina e maschio, singola e plurale, soggettiva e pubblica, dialogante e interrogante, desiderante e composita. Stiamo costruendo una nuova geografia culturale e sociale in cui edificheremo costruzioni simboliche mai viste e creeremo percezioni di spazi e di storie antichissime, presenti e non ancora nate.
Saremo esageratamente disponibili e voglios@ di cucire e costruire i nostri abiti perturbanti, di creare e ri-creare nuovi morbidi volumi gommosi, carnali e insorgenti.
I nostri simboli astuti, i nostri santi protettori diverranno carne, ossa, parole, musiche... in questa fine del mondo in cui già ci dibattiamo da svariati anni, sovvertiremo i codici e le cinghie di trasmissione. Abbiamo la forza dell'improvvisazione sensitiva e la consapevolezza di mancare di sani (seri) principi. Inventeremo protoprincipi mutevoli con le circostanze perché nelle circostanze ci troviamo sbattut@ e percoss@.
Saremo noi, sciaman@ variopint@, a scuotere i corpi, a battere strade e tamburi, facendo incontrare azione e parola, corpo e spirito, conflitto e consenso.

Le zinne disobbedienti hanno lanciato un invito a pensare la politica come piacere, gioia, colori, gioco. Perché giocare è inventare, immaginare, costruire o per dirlo con le parole di Edward Hall: «Si può negare, se si vuole, quasi ogni astrazione: giustizia, bellezza, verità, divinità, Dio. Si può negare la serietà, ma non il gioco»[60].

---

60   Edward Twitchell Hall, antropologo statunitense che si è occupato soprattutto di prossemica, ossia la parte della semiologia che studia: «Il significato assunto, nel comporta-

Capitolo 5
2003
In costante equilibrio precario

«Non c'è democrazia senza amicizia».
Tina Anselmi[61]

Poco chilometri fuori da Prato c'è Villa Fiorelli. Un lungo viale alberato accompagna l'ospite fino all'edificio del XVI secolo, sapientemente ristrutturato e destinato a ostello, con il bel parco di Galceti che abbraccia lo sguardo. Questa vecchia dimora è stata per anni il luogo scelto per la scuola estiva *Raccontar(si)*, laboratorio di genere ed intercultura, organizzato dalla "Società delle letterate" e dell'associazione fiorentina il "Giardino dei ciliegi"[62]. Un progetto complesso, di non facile realizzazione, nato più di dieci anni fa dal desiderio di donne con diversa formazione ed esperienza.

È prioritaria, anche in questo caso, l'esigenza di avere uno spazio tutto per sé, per riflettere sull'intercultura di genere e far emergere la varietà dei linguaggi culturali che possono racchiudere i campi del sapere.

Molti pensano all'intercultura solamente come all'incontro tra persone provenienti da contesti geografico-culturali differenti ed eventuali norme che favoriscano il dialogo. In realtà è qualcosa di molto

---

mento sociale dell'uomo, dalla distanza che l'individuo frappone tra sé e gli altri e tra sé e gli oggetti, e quindi, più in generale, il valore attribuito da gruppi sociali, diversi culturalmente o storicamente, al modo di porsi nello spazio e al modo di organizzarlo» (in Treccani).

61   Tina Anselmi, partigiana, politica, prima donna ministra.

62   L'associazione *Il Giardino dei ciliegi* nasce nel 1988 a Firenze da un gruppo di donne e fra le varie attività nel 2001 viene ideato *Raccontar(si)*, a cura di Liana Borghi e Clotilde Barbarulli, come progetto di formazione per mediatrici interculturali rivolto a donne di ogni età, diplomate, laureande, o laureate.

più complesso che riguarda non solo i flussi migratori ma tutte le relazioni fra persone, perché insiste «non sulle "culture" che sono in gioco e sulle supposte differenze degli altri, ma sul prefisso *inter*, sullo spazio che sta nel mezzo, che si colloca nel territorio dell'incontro e delle possibilità di interazione»[63].

Cosa significa tutto ciò in un'ottica di genere?

Una possibile risposta è data da Liana Borghi che definisce l'intercultura di genere «un campo ibrido e irrequieto che incrocia riflessioni teoriche e indagini culturali interdisciplinari, attingendo sia a studi sulle donne, sia a studi sulla mascolinità e studi queer per moltiplicare l'analisi di differenze, marginalità e dissensi»[64]. Vuol dire dunque che nella riflessione sulle relazioni con l'altro/a è necessario tenere dentro le differenze sociali, generazionali e di genere, ma anche i cambiamenti provocati dalla globalizzazione, le influenze delle politiche neoliberiste e delle religioni sulla persone, il ruolo della sessualità nelle sue molteplici forme.

Nel corso degli anni allieve e docenti della scuola hanno animato la comunità affettiva e virtuale cosiddetta delle Fiorelle, attraverso una mailing list che ha permesso di mantenere rapporti anche a distanza, continuare a scambiare pensieri e idee sul tempo presente. Poi dopo un po' i rapporti telematici sono scemati, perché non soddisfano come quelli in carne ed ossa e lo scambio di mail è diminuito sensibilmente nel tempo.

A Villa Fiorelli nel 2003 si sono incontrate Antonella, Alessia, Roberta, Elisa, Maria Chiara, Francesca e Pamela. Sono arrivate da Brescia, Civitanova Marche, Roma, Bologna, dalla Sicilia trapiantata a Bologna, da Livorno. Tutte sono rimaste a vivere in Italia, tranne Francesca emigrata in Francia.

---

63   Cfr. L. Luatti, *Educazione alla cittadinanza e interculturalità*, online su http://www.retetrevisointegrazionealunnistranieri.it.

64   L. Borghi, *Figure dell'intercultura di genere*, in L. Borghi, C. Barbarulli (a cura di) *Il Sorriso dello Stregatto. Figurazioni di genere e intercultura*, edizioni Ets, Pisa 2010.

È stato amore a prima vista, in tutti sensi possibili. Hanno stretto un rapporto amicale e politico e da allora sono, l'una per l'altra, irrinunciabili presenze.

All'epoca erano "giovani" donne trentenni con la stessa voglia di trovare strumenti utili a decifrare la realtà, soprattutto per interpretare il sentimento di continua incertezza che tormenta le nuove generazioni.

Raccontano le Acrobate:

> La precarietà negli affetti, nelle scelte e nel lavoro è uno dei nodi problematici delle nostre esistenze, attraverso cui percepiamo infatti un controllo sulle nostre vite, che rende il nostro presente un gioco di acrobazie alla ricerca di un r/esistente e creativo equilibrio. Abbiamo deciso di essere un collettivo, le Acrobate, per dare corpo alla comunità empatica nata fra di noi, per un'urgenza politica ed affettiva che voleva superare le distanze geografiche che ci vogliono sparpagliate per l'Italia. Da quel momento è proseguita la collaborazione con le donne che hanno dato vita alla scuola Raccontar(si), dove abbiamo presentato varie giornate nel 2006 e 2007, incentrate sulle Figur/azioni e sulla performatività dell'affetto[65]. Da diversi anni continua il nostro rincorrerci, appena possibile, per stare insieme a condividere emozioni, risate, case, confidenze, idee, progetti, tristezze, dubbi, cene, convegni, manifestazioni, vacanze, pezzi di vita. Nel 2011 Liana Borghi e Clotilde Barbarulli hanno promosso un nuovo progetto itinerante incentrato sugli "Archivi dei sentimenti e le culture

---

[65]   Il termine figurazione indica la rappresentazione simbolica dei nuovi rapporti di potere. Nella letteratura femminista, alcuni esempi di figurazioni sono la lesbica, il nomade, il cyborg, la badante, l'immigrato clandestino, la vittima dello stupro etnico, la sposa per corrispondenza. Cfr. Rosi Braidotti, Donna Haraway, Adrienne Rich. Durante il laboratorio del 2006 le Acrobate hanno analizzato insieme ad esperte e protagoniste alcune di queste icone e altre immagini simboliche diffuse dai media. Nel 2007 invece hanno affrontato il tema degli affetti, intesi come emozioni e sentimenti non spontanei ma prodotti culturalmente, socialmente e storicamente nel contesto dato, fino al crearsi di una vera e propria economia dei sentimenti.

pubbliche"[66]. A noi Acrobate è stato chiesto di partecipare portando un'analisi delle figure femminili nelle pubblicità e abbiamo ideato un workshop dal titolo "Agiografie contemporanee del femminile"[67] presentato nel 2011 a Firenze, a marzo, e a Duino, a giugno, nella nuova scuola estiva nata dai semi fecondi di Villa Fiorelli.

Viste da vicino le Acrobate si raccontano così:

– FRANCESCA BONSIGNORI. Filosofa di *formazione*, aiuto educatrice montessoriana di *professione*, femminista per passione e *convinzione*, eternamente precaria per *condizione*, emigrata in Francia per *caso*, mamma per *scelta*, scribacchina nel tempo libero, qualora ci fosse. Una vita un po' bislacca tenuta insieme dalla costante di relazioni e affetti che danno senso ed energia ai miei progetti in continuo mutamento. Le Acrobate sono una parte vitale di questi affetti.

– MARIA CHIARA PATUELLI. Classe '77, romana di nascita, bolognese da più di vent'anni. Dopo una laurea in Storia contemporanea e una breve esperienza nella cooperazione internazionale, da anni mi barcameno fra educazione alla pace e alle differenze, ricerca sociale, comunicazione interculturale. Sette anni fa sono entrata nel precariato della pubblica amministrazione, da sempre faccio politica in qualche modo, dentro e fuori le associazioni, i collettivi, il lavoro: politica femminista, antirazzista e per i diritti dei migranti, ora soprattutto per la difesa del welfare pubblico.

---

66   Il primo incontro è del 2011, materiali online su http://www.interculturadigenere.eu.

67   Tema del laboratorio sono state le agiografie – rappresentazioni – contemporanee proposte dalla pubblicità, quali modelli femminili emergono, in che modo è possibile sovvertire quel tipo di immaginario.

— PAMELA MARELLI. Bresciana, trentotto anni, laureata in Storia, mi sono occupata per anni di migrazione e intercultura, sia per lavoro che per impegno politico, con un posizionamento attento al genere e al queer. Sono autrice della ricerca *Tessendo abiti e strategie. Esperienze e sentimenti di operaie tessili bresciane*[68] . Collaboro alla rivista on line *Letterate Magazine* della Società italiana delle letterate.

— ROBERTA REBORI. Ho quarantaquattro anni, vivo da sempre nella ridente cittadina balneare di Civitanova Marche. Sono laureata in Scienze politiche ma non ho mai usato per lavorare il mio titolo di studio. Sono stata a lungo commessa con un contratto a tempo indeterminato, poi libraia per quasi dieci anni. Da pochi mesi sono alla ricerca di una nuova vita lavorativa. Partecipando alla scuola estiva *Raccontar(si)* e alle sue

evoluzioni ho messo insieme il mio interesse per la storia, gli studi di genere e il queer.

— ALESSIA ROCCO. Romana, trentasei anni, laureata in Scienze della comunicazione, laureanda in Epc (Educatrice professionale di comunità); mediatrice culturale, precaria a tempo indeterminato, mi sono occupata per anni di minori Rom. Oggi mi interesso di educazione, abbandono scolastico, mediazione socio-culturale, e sono responsabile, a tempo quasi pieno, della segreteria organizzativa della ludoteca che ho contribuito a far nascere. Da quando ho incontrato gli studi di genere e il queer non li ho più lasciati.

— ELISA COCO. Classe '77, da Catania arrivo a Bologna e mi laureo in Scienze della comunicazione nel 2003 e nello stesso anno fondo, con altre donne, il progetto politico e professionale Comunicatti-

---

68   Edito da Gam, Rudiano 2008.

ve[69], agenzia di comunicazione e organizzazione eventi e omonima associazione culturale femminile. Ho fatto parte di diverse esperienze politiche femministe, oltre a condividere l'esperienza su genere e intercultura delle *Letterate*.

— ANTONELLA PETRICONE. Mi sono laureata in Scienze umanistiche nel 2003 a Roma con una tesi sul carteggio d'amore tra la scrittrice Sibilla Aleramo e Lina Poletti. Ho conseguito un dottorato in Storia delle scritture femminili nel 2008, con la tesi *La memoria dei corpi, i volti della violenza. Tra vissuti e narrazioni, dialogo tra Etty Hillesum e le donne sopravvissute alla Shoah.* Sono socia fondatrice di Befree[70], cooperativa sociale contro tratta, violenze, discriminazioni e lavoro come operatrice antiviolenza presso lo sportello Sos donna h24 di Roma

capitale, servizio dedicato al sostegno di donne vittime di maltrattamento.

Ho curato la mostra *Sex-Zwangsarbeit in Ns-Konzentrationslagern – La prostituzione forzata nei lager nazisti*, esposta per la prima volta in Italia a gennaio del 2010 presso il Museo della liberazione di via Tasso.

---

69   Vedi www.comunicattive.it e www.associazionecomunicattive.it.

70   Vedi www.befreecooperativa.org.

Sono biografie che parlano da sole: di donne che – come tante altre – tenacemente cercano di stare al mondo non solo per sé, ma per produrre cambiamento nel luogo dove vivono.

Il femminismo di questo gruppo non è fatto di sit-in o azioni sul territorio, né di campagne di sensibilizzazione, documenti o uscite pubbliche. È pressoché invisibile all'interno del movimento nazionale ma ha maggiore continuità, sia in termini di percorso comune di crescita e approfondimento sia come relazioni interpersonali.

Si sono impegnate nel progettare e realizzare laboratori durante le scuole estive rivolte alle donne, anche con l'intento di passare il testimone ad altre e non essere considerate eterne giovani.

Nel 2012 a Duino propongono un workshop dal titolo "Acrobate – Vibranti oggetti di desiderio" che indaga

> la storia degli oggetti sessuali e con essi i temi della sessualità, del piacere, del desiderio, dei corpi, degli immaginari, delle tecnologie di genere, come questioni fondamentali della riflessione femminista contemporanea, che in vario modo incrociano i lavori di Teresa de Lauretis, Judith Butler, Donna Haraway.

E aggiungono scrivendo di questa loro idea:

> Partiamo da uno specifico oggetto sessuale: il vibratore. Nato a fine '800 come strumento per curare l'isteria, per decenni fu manipolato dai medici in un'ottica di controllo e gestione della sessualità femminile. Nel corso di più di un secolo è avvenuto un radicale cambiamento nell'utilizzo del vibratore: da oggetto di cura si trasforma in modo esplicito in oggetto di piacere e desiderio.
>
> Il vibratore, passando dalle mani dei medici a quelle di chi lo usa come sex toy, diventa un oggetto-archivio dei cambiamenti sessuali avvenuti nelle società occidentali. L'oggetto fu sdoganato negli anni '70 da una parte del movimento femminista, interes-

sato alla riappropriazione del proprio corpo e dei propri desideri. Oggi sembra essere diventato un oggetto presente nella vita di moltissime donne. Di recente gli è stato dedicato un film commedia *Histerya* e in Italia ne hanno parlato trasmissioni televisive e radiofoniche. A partire dall'oggetto vibratore, proponiamo stimoli per riflettere sul significato politico di pratiche discorsive, performative e sessuali, intrecciando elementi di osservazione della rappresentazione mediatica e costruzione sociale del "giocattolo sessuale" con percorsi di riflessione aperti dalla teorica postfemminista Beatriz Preciado nel suo *Manifesto contra-sessuale*, testo cult degli studi queer pubblicato in Italia ormai dieci anni fa da Il Dito e la luna: il dildo[71] come simulacro che denuda il re, il pene ordinatore del discorso e del desiderio, e con un atto di (de)costruzionismo situazionista ne demolisce l'ordine simbolico.

Le Acrobate usano il lessico delle teorie femministe "queer", parola sempre più frequente sia nell'accademia che nei movimenti femministi, divenuta un po' la cifra dei femminismi italiani di nuova generazione, la cosiddetta terza ondata[72].
Il queer è il desiderio di superare la norma eterosessuale che ama le classificazioni e vorrebbe incasellare ognun@ di noi in un preciso tassello di quel mosaico che si vuole composto solo da maschi e femmine. La teoria queer[73] argomenta che non esiste una "naturale" identità di genere o sessuale, così come non esiste una naturalità degli atti sessuali, ma che ci sono esperienze interamente o in parte costruite socialmente, per cui – sostengono le teoriche queer – do-

---

71   Il dildo è un giocattolo sessuale, spesso a forma di pene, utilizzato in genere per la masturbazione, ma anche nei giochi erotici e nei preliminari.

72   Sulla periodizzazione non tutte le studiose sono concordi e anche l'analisi delle diverse fasi è materia di conflitto interpretativo.

73   Cfr. T. de Lauretis, *Queer Theory: Lesbian and Gay Sexualities. An Introduction*, in «Differences», vol. 2, numero 3, 1991; id., *Soggetti Eccentrici*, Feltrinelli, Milano 1999; M.G. Di Rienzo, *La teoria queer spiegata ai deficienti, fra i quali va inclusa l'autrice*, reperibile online: http://www.culturagay.it/saggio/90.

vrebbe venir meno anche nel lessico l'uso di termini generali come "eterosessuale" o "donna". Ogni persona è un *unicum*, soprattutto nella sua identità sessuale e di genere, che può anche modificare e cambiare nel tempo.

Una delle Acrobate racconta che a sua nipote di sei anni lo ha spiegato così:

> Il queer è tutto ciò che cerca di scardinare la contrapposizione tra maschio e femmina, puoi essere maschio e vestirti di rosa e non essere gay, o vestirti un giorno da "maschio" e un giorno da "femmina", senza rimanere prigioniero dei tuoi vestiti, dei tuoi gusti, delle tue letture, dei tuoi giochi e dei tuoi organi genitali.

Non ha dubbi Roberta:

> Ai bambini si può fare un discorso di questo tipo: "Puoi scegliere tu cosa essere, come essere al di là del fatto che ti sia stato dato un fiocco celeste o rosa quando sei nato/a. Non esiste nulla che sia 'da maschio' o 'da femmina' o 'da gay' o 'da lesbica'". A mia nipote ho detto anche che il queer le permette di non rimanere ferma dove e come qualcun altro le ha detto di stare, che non deve essere quello che gli altri dicono debba essere. Certo il suo corpo rimane quello di una bambina (nel suo caso) ma è lei che nel suo corpo da bambina sceglie tutti i giorni come essere, chi essere e di chi innamorarsi. Penso di averla convinta.

Il queer è dunque scelta di completezza, libertà, autodeterminazione. E così come infrange le convenzioni legate al maschile e al femminile, vuole superare anche gli stereotipi nelle comunità gay e lesbiche. È uno sguardo trasversale che riesce a guardare di traverso, a rovescio e attraverso. Uno sguardo con i piedi per terra, attento alla materialità dei corpi.

Nel caso delle Acrobate è anche un punto di vista rivolto ai sentimenti e alle relazioni, sulla scia del lavoro fatto con le scuole estive e il progetto promosso da Clotilde Barbarulli e Liana Borghi sugli "Archivi dei sentimenti e culture pubbliche": un percorso che – spiegano le ideatrici – si snoda «attraverso testi di prosa e di poesia, immagini artistiche e rappresentazioni mediatiche, esperienze e narrazioni diverse» per capire come «gli oggetti diventano soggetti nel mondo umano e in letteratura».

Le Acrobate hanno festeggiato i loro primi dieci anni nella scuola estiva del 2013 a Livorno, discutendo insieme ad altre di un tema difficile, al tempo stesso seduttivo e pieno di sfumature: che cos'è l'utopia, cosa significa desiderarla, in che modo e con chi vogliamo condividerla, quali sono i maggiori impedimenti e ostacoli per arrivare anche solo a nominarla.

> Perché, prima ancora che realizzarla, è difficile pensarla l'utopia, lasciarsi davvero guidare dal desiderio di cambiamento.
> È necessario entrare negli spazi del disorientamento, in quei luoghi che accennano ad un altrove possibile ma non possono indicarlo, possono solo dare una direzione verso cui camminare. E chi più dell'altro/a che abbiamo accanto, o dinanzi, o poco più là, rappresenta l'altrove? È da questa utopia dell'incontro che bisogna ripartire per ripensare la convivenza, per rimettere i corpi al centro della politica e di ogni narrazione possibile del nostro stare al mondo[74].

Le Acrobate stanno dando corpo ad una preziosa utopia, che è fatta di tessitura di legami fra persone e teorie, fra l'attesa per i nuovi incontri e il piacere di ritrovarsi a distanza di anni, perché è grazie alla circolazione dell'affetto che si può rimettere in campo il progetto visionario, l'idea strampalata eppure fertile dell'utopia femminista.

---

74   Vedi http://www.barbararomagnoli.info/larte-dellutopia-fra-desideri-e-interferenze.

Capitolo 6
2004
Il manuale delle galline ribelli

«Non abbiamo bisogno di guardiani della morale,
vogliamo scegliere sui nostri corpi».

Vengoprima! [75]

Era postlegge etica. A Life is Born: lo spettacolo della vita. Grandi lettere affusolate campeggiano all'ingresso della clinica e ritornano miniaturizzate ovunque. Anche accanto alla tradizionale insegna della toilette dove, tra le assicuranti icone dell'uomo e della donna, c'è quella di un embrione. Lo stimolo aumenta sempre di più, devo fare in fretta. Sorridendo a chiunque incrocio tra i corridoi, come impone il codice di comportamento imparato nel job training successivo all'assunzione, mi infilo in bagno. Appena in tempo. Chiudo la porta e ahhhhh! È sempre più intensa, irresistibile, quasi svengo. È lei che spinge dal mio corpo, incontenibile. Scorre fuori tra umori caldi e la guardo srotolare fino a terra. Sìììììì. È la mia coda dorsale. Piccola mostruosità frutto di chissà quale errore genetico. Si struscia contro la mia mano per poi accucciarsi gentile tra le gambe.

Comincia così il racconto fantascientifico, scritto da molte mani del collettivo A/matrix, nato a Roma fra 2001 e 2002, all'indomani delle giornate genovesi di luglio, dopo aver sentito un certo prurito

---

75   Il collettivo femminista e lesbico veneziano "Vengo prima", attivo dal 2006, ha prodotto un video online su http://vengoprima.noblogs.org/la-mia-scelta-viene-prima/ sui temi dell'aborto e dei problemi di attuazione della legge 194.

a stare nei movimenti misti, appannaggio dei maschi e pieni di cultura patriarcale.

Sono tutte donne ad A/matrix, biologiche e non, si sono ispirate a studiose femministe come Barbara Duden e Donna j. Haraway o a scrittrici di fantascienza come Octavia Butler e Joanna Russ. Si ingegnano a ricercare nuovi linguaggi per esprimere il loro pensiero e le loro pratiche politiche. In questo caso vogliono trovare nuove forme e parole per contrastare l'invadenza sul corpo delle donne da parte della cultura maschilista e cattolica.

Nel 2003 scrivono un Diario di Bordo che esce sulla rivista francese *Multitudes. Revue politique artistique philosophique*, dove si legge:

> Non è forse vero che il femminismo è la madre di tutte le reti? Che il confronto orizzontale ha trovato proprio nel femminismo sorprendenti anticipazioni poi spesso disconosciute, oscurate, occultate, relegate in note a piè di pagina? Che i femminismi hanno tradotto l'insofferenza per il verticismo tipico del sistema, dei suoi partiti e movimenti, in forme di esodo e micropolitiche capaci di scardinare l'ordine materiale, simbolico, concettuale e sessuale?

Le donne di A/matrix conoscono e hanno esperienza del femminismo storico italiano, sono etero&lesbiche&trans senza necessità di definirsi e se lo fanno è con il gusto di divertirsi, per cui se proprio devono dare una descrizione di loro stesse si dicono «post, trans(geniche), pop, cyber, ultrà, meta, iperfemministe», perché intendono contrastare sia la deriva essenzialista delle teorie della differenza sessuale[76] sia la riduzione a sterile uguaglianza delle politiche delle pari opportunità degli anni Ottanta. A loro non interessa una società nella quale ci sia un presunto "femminile", speculare al

---

76   A/matrix è, come altri collettivi di questi anni, insofferente al femminismo conosciuto come *filosofia della differenza* (vedi nota 19 in questo volume) e in particolare rifiutano la pratica dell'affidamento, una sorta di maternage in cui la donna più debole confida nella più forte.

maschile da trasformare. A loro interessa una società antisessista in cui "l'unica legge è quella del desiderio", per citare un loro slogan. Non vogliono riproporre l'esperienza dell'autocoscienza, vogliono fare politica per piacere e divertendosi, per cui si vedono a rotazione nelle loro case discutendo e condividendo la buona cucina. Dopo ogni serata trascorsa con il bicchiere in mano, la fantasia è feconda e via mailing list parlano e decidono fra loro cosa e come comunicare con il resto del mondo.

Rivendicano l'esistenza di più femminismi, perché sono convinte che le relazioni nascano dal confronto fra identità fluide, precarie, meticce, globali e locali.

Intendono sovvertire il sentire comune, i modelli e gli stereotipi che la società impone, soprattutto al genere femminile, e per questo il loro lavoro non manca come per le Betty di Bologna di ironia e fantasia.

Fra le prime azioni, durante la discussione sia nell'opinione pubblica italiana che in Parlamento della legge sulla procreazione assistita, A/matrix inscena una divertente campagna mediatica che consiste nella disseminazione, in giro per le città e nelle redazioni giornalistiche, di uova d'oro con lo slogan "viene prima la gallina dell'uovo".

È un modo originale per dire no ad una legge, che sarà approvata nel 2004, che eleva l'embrione a persona, mette i diritti della madre in secondo piano e delega completamente allo Stato il diritto di governare sui corpi e le scelte riproduttive delle singole donne.

Oltre che nelle redazioni dei giornali e delle agenzie stampa, anche attraverso la rete viene distribuito un irriverente, spiazzante, impertinente "manuale delle galline ribelli" per disseminare e diffondere la pratica di contestazione ad una legge che non tiene conto dell'autodeterminazione delle donne.

Un manuale "fai da te"[77] e per ogni momento della giornata, perché anche quando si è in autobus si può disobbedire alla norma: basta individuare «un posto libero e appicicargli sopra un adesivo con la

---

77   Il manuale viene interamente riportato a fine capitolo.

scritta: "Posto riservato all'embione ai sensi della legge sulle Tpma". Deponete sul sedile un uovo d'oro, sicure/i di fare il vostro dovere di cittadine/i».

Nel corso degli anni A/matrix cambia forma al proprio interno con l'arrivo di altre donne di diversa età, esperienza, lavoro e sperimenta le nuove tecnologie: dal sito al blog[78].
Fra 2004 e 2007 lavora sui temi della violenza sulle donne e su quello del reddito garantito, producendo fra l'altro il documento *Fuori dalla famiglia, fuori dal lavoro, reddito per l'autodeterminazione*[79]. Sono anni d'intenso scambio con altre donne e collettivi femministi. Fra l'altro, nel 2007 A/matrix è fra le sostenitrici della rete nazionale Sommosse che promuoverà una delle più grandi manifestazioni femministe del primo decennio del 2000 contro la violenza maschile sulle donne[80].
Anche quando decidono di sciogliere il gruppo, per diversi motivi personali e in un momento di difficoltà per la perdita di una compagna e amica[81], lo fanno mettendo in scena politicamente la fine della loro esperienza con una festa dal titolo "A/matrix è esplosa, chiedimi perché. The ultimate A/matrix party" e un testo di accompagnamento che recita:

Scossa dalle contraddizioni della fuga dalle identità / combattuta tra territorio e parola / affaticata da tempi di vita messi tutti al lavo-

---

78   Dal sito http://www.thething.it/amatrix/ A/matrix passa al blog http://amatrix. noblogs.org/.

79   Il documento verrà presentato e discusso in uno dei tavoli di discussione della Flat, cfr. cap. 9.

80   Cfr. cap. 9.

81   Il 2 maggio 2008 muore Ornella Serpa, quarantenne, dopo la transizione da maschio a femmina si definiva neodonna. È stata la fondatrice a Roma del Co.di.pe.p (Coordinamento difesa persone prostitute), un collettivo di sex workers. La chiamavamo "Ornie", con o senza "h", o anche "leonessa" che amava dire: «Viviamoci per ciò che siamo, ottimi nei desideri e pessimi nell'avidità». Un bel ricordo di Ornella è il video di Aurelia Longo realizzato in collaborazione con A/matrix visibile su http://vimeo.com/7642393.

ro / non soddisfatta dalla propria capacità relazionale / attonita per il naufragio della sinistra / A/matrix conclude la propria esperienza e vi saluta al grido di W A/matrix.

Un modo irrituale per dire che le difficoltà della vita delle singole possono s/travolgere i tempi del collettivo, che gli entusiasmi possono venir meno se il mondo attorno vive un periodo di crisi e riflusso generale, che per cambiare l'immaginario bisogna essere in tante e tanti, altrimenti si rischia l'autoreferenzialità, uno dei peggior vizi della sinistra.

È il 22 febbraio 2009, meno di dieci anni in cui un nutrito gruppo di donne ha condiviso la passione per la politica, i femminismi e la buona tavola.

Manuale
Della gallina ribelle
1. Come costruire un uovo-embrione senza fatica[82]

Ingredienti:
Uova q.b., preferibilmente Ogm free, deposte da galline allevate a terra, nutrite con mangimi naturali, possibilmente non influenzate; acqua, pentola e fornello; guanti e pennello; pigmento dorato e diluente ad acqua; nastro rosa e azzurro; buste di plastica trasparente 15x20 cm circa; etichette adesive; fogli bianchi; foratrice; forbici.
Un po' di pazienza.

---

82   Nel manuale si gioca con il nome di Francesco Rutelli, all'epoca leader della Margherita, partito che votò a favore della legge sulla procreazione medicalmente assistita. Inoltre si fa riferimento al fatto che la legge non prevede l'accesso alla procreazione medicalmente assistita per le coppie gay e soprattutto che è una legge discriminatoria in base al censo.

Un po' di buona musica.
Un po' di buone amiche.

Preparazione:
Fate bollire le uova fino a quando non diventano sode (un quarto d'ora da quando l'acqua bolle). Scolatele, lasciatele asciugare e raffreddare.
Preparate la vernice dorata unendo il pigmento al diluente. Indossate i guanti e con il pennello colorate le uova. Riponete le uova dorate una ad una nella scatola che le conteneva e lasciatele asciugare. Mentre le uova si asciugano, preparate le carte d'identità e le coccarde.

Come preparare le carte d'identità:
Sulle etichette adesive per le "femmine" scrivete:
Nome: Margherita.
Sesso: Femmina.
Razza: Bianca.
Orientamento: Eterosessuale.
Prezzo: 10.000 euro.

Sulle etichette per i "maschi":
Nome: Francesco.
Sesso: Maschio.
Razza: Bianca.
Orientamento: Eterosessuale.
Prezzo: 10.000 euro.

Coccarde:
Suddividete i fogli bianchi in tanti biglietti quante sono le uova. Su ognu-no scrivete lo slogan della campagna: "Viene prima la gallina dell'uovo!".
Ora praticate un foro in uno degli angoli di ciascuna coccarda.

Confezionamento:
Collocate ogni uovo in una busta e chiudete la busta con il nastro colorato, facendo attenzione ad usare l'azzurro per Francesco e il rosa per Margherita

(non sia mai che vengano scombinati i colori attribuiti da Madre natura ai due sessi!).

Allegate una coccarda ad ogni busta facendo passare il nastro nel foro e, per finire, arricciate il nastro con le forbici proprio come fareste per una confezione regalo.

Istruzioni per l'uso:

Disseminate le uova ovunque: nei camerini delle migliori boutique, negli scaffali delle librerie, nei bagni e negli uffici pubblici, nelle farmacie, sull'autobus.

Presskit:

Scattate qualche immagine, scrivete un comunicato conciso ed efficace.

Inviate il tutto alla stampa e diffondete nei circuiti di informazione indipendente. Se avete una videocamera e la situazione lo permette riprendete la reazione di chi trova le vostre uova.

2. Interferenze culturali a base di uova

– All'uscita dei supermercati distribuite graziosi depliant. Presentano un'immagine rassicurante (una nonna che tiene un uovo, un cesto di uova, un contadino sorridente) e lo slogan "Uova ogni giorno senza preoccupazioni". Sul retro il testo:

Procedete pure e godetevi altri embrioni (fino a sette a settimana) senza provocare problemi al vostro cuore. Il segreto? Dato che un embrione grande contiene circa 210 mg di colesterolo (tre quarti circa del limite suggerito giornaliero assimilabile dagli alimenti), avete bisogno di compensare il consumo di embrioni con alimenti poveri in colesterolo per il resto della giornata. Fortunatamente, ciò è più semplice di quanto sembri.

Avete sostituito la parola "embrioni" all'originale "uova".

– Armate di spray scovate tutte le scritte di Forza nuova della vostra città. Con tratto deciso cancellate la "n" e aggiungete un punto esclamativo.

– Per andare al lavoro o se potete concedervi un po' di shopping, per tornare a casa o per andare al cinema, per un weekend romantico fuori città o per andare al paesello a trovare la nonna, lasciate l'auto a casa e usate i mezzi pubblici, non solo perché così inquinate meno... Sull'autobus o sul treno, individuate un posto libero e appiccicategli sopra un adesivo con la scritta: "Posto riservato all'embrione ai sensi della legge sulle Tpma". Deponete sul sedile un uovo d'oro, sicure/i di fare il vostro dovere di cittadine/i.

Capitolo 7
2005
Facciamo Breccia per dire No Vat!

«Crede che la stima delle persone dipenda da quello
che ho, o che non ho più, sotto le mutande?».
Vladimir Luxuria [83]

«Sono diventata una lesbica come atto di carità cristiana.
In giro ci sono così tante donne che pregano per trovarsi un uomo,
io gli ho lasciato la parte che spettava a me».
Rita Mae Brown[84]

---- Original Message ----
From: mit.bo
To: Bcc
Sent: Tuesday, September 20, 2005 11:18 am
Subject: chi aspettiamo

Movimento Lgbtqi se ci sei batti un colpo!
Non pensate che sia giunto il momento di dire qualcosa, di dare
una risposta a chi insistentemente ce la chiede, di intervenire sullo
stato delle cose, di misurarci con la storia, di far sentire la nostra
voce, la nostra presenza e la nostra opposizione ai nostri aguzzini.
Che ne dite... temporeggiamo aspettando che la storia ci travolga,
continuiamo ad assistere, a parare i colpi ed essere inghiottiti in
un altro buco nero? Non pensate che sia arrivato il momento di

---

[83]   Vladimir Luxuria è un'attivista, scrittrice, attrice, autrice teatrale ed ex politica italiana.

[84]   Rita Mae Brown, scrittrice, sceneggiatrice, attivista femminista statunitense.

dare una risposta grossa, forte, decisa? Sperando che l'invito non si risolva nel solito scazzo interno al movimento su "chi fa cosa, chi fa meglio e chi fa per tutti". Il nostro paese ci sta mettendo alla prova! La storia ci sta chiedendo una risposta! Che ne dite di scendere in piazza in una grande, enorme manifestazione LAICA? Vi ricordate quanti eravamo al WorldPride? Che ne dite ci riflettiamo e cerchiamo di uscire dal torpore che sembra ci abbia assalito da qualche tempo? Parliamone, diffondiamone, scazziamoci creativamente, ma vi prego facciamo qualcosa.

Porpora

È bastata una mail per mettere in moto un frizzante movimento di donne, lesbiche e frocie, per usare le parole di chi ha dato il "la" a proteste inusuali e originali contro le ingerenze vaticane e cattoliche nel nostro paese.
Porpora Marcasciano è presidente del Mit, Movimento identità transessuale[85], è tornata da poco e sta per ripartire per la Polonia quando la incontro fra una proiezione e l'altra del Some Prefer Cake, festival internazionale di cinema lesbico[86], ideato dal gruppo separatista lesbico bolognese Fuoricampo.
Nell'autunno 2005, l'urgenza di fare – e dire – qualcosa ha avuto il sopravvento, almeno per un po', sulle discussioni fra gruppi e l'unione ha fatto, in questo caso, la differenza.
Con un nucleo di venti/trenta persone e centinaia di attivisti in tutta Italia, da quel messaggio di Porpora nasce il coordinamento Facciamo Breccia con «l'intento di costruire un percorso di mobilitazione permanente fondato su autodeterminazione, laicità e antifascismo».

---

85   Il Mit è un'associazione onlus che difende e sostiene i diritti delle persone transessuali, travestite e transgender. È stata la prima associazione in Italia, nel 1979, a occuparsi di questo e nasce con lo scopo di ottenere il riconoscimento del cambio di sesso, raggiunto con la legge 164/1982. Mit, inizialmente stava per Movimento italiano transessuale, poi cambiato nel 1999 nell'attuale Movimento di identità transessuale.

86   Vedi http://www.someprefercakefestival.com/.

Le promotrici spiegano così il senso della loro iniziativa:

A quasi ottant'anni dalla firma dei Patti Lateranensi tra Mussolini e Pio XI, il papato dell'integralista Ratzinger sta rafforzando l'alleanza clerico-fascista con l'obiettivo di affermare un modello di società chiuso e reazionario, patriarcale, omofobico e razzista. Intanto la retorica dello scontro di civiltà continua ad alimentare guerre e politiche securitarie per imporre, con il controllo e la repressione, un modello unico tanto a livello locale che globale.

Il sistema neoliberista produce lo smantellamento dei diritti conquistati con le lotte sociali degli scorsi decenni, mentre il revisionismo storico continua a sdoganare le formazioni neofasciste e squadriste. A questo va aggiunto il continuo tentativo di imporre la monocultura cattolica in ogni sfera della vita pubblica e privata, tentativo che trova terreno fertile nella subalternità della politica istituzionale italiana, di destra e di sinistra, ai diktat vaticani e nell'esaltazione di un modello familiare patriarcale – mistificato come "naturale" – che legittima in suo nome la violenza contro donne, bambini/e, lesbiche, gay e trans. I quotidiani attacchi all'autodeterminazione delle donne e di tutte le soggettività non conformi al modello dominante alimentano un clima di odio e di violenza a cui intendiamo dare una risposta complessa e polifonica. L'Italia è diventata un laboratorio delle destre vecchie e nuove e dell'alleanza tra integralismo religioso e neoliberismo, come è evidente nell'impianto familista delle politiche sociali. Noi diciamo basta! Rivendichiamo l'autodeterminazione, la laicità e l'antifascismo come valori etici che riguardano la vita e le scelte di tutt*. Ci contrapponiamo, quindi, all'invadenza oscurantista, proibizionista e reazionaria sui corpi e sulle scelte di vita. Dando voce a un'opposizione che parta dal basso, intendiamo elaborare riflessioni e pratiche politiche che diano cittadinanza piena alla complessità sociale, contro ogni forma di riduzionismo e dogmatismo[87].

---

[87]   Documento presente anche online sul sito www.facciamobreccia.org.

È molto significativo che tutto il percorso di Facciamo Breccia sia nato dalla proposta di chi vive sulla propria pelle una doppia esclusione:

> Nella nostra società livellata, in cui tutto discende dal maschile, le persone trans sono doppiamente marginalizzate – spiega Porpora – a differenza delle donne che, nonostante le discriminazioni, sono incluse, noi donne trans non siamo proprio comprese. Non solo, a fine anni Settanta quando è nato il Mit, non eravamo accettate nemmeno dai movimenti femministi, i tempi non erano maturi per un riconoscimento reciproco. Poi c'è stato un confronto, l'elaborazione e la riflessione anche di trans come Helena Velena e si è trovato un terreno comune per fare politica. Del resto noi abbiamo inizialmente rappresentato l'immagine dell'iperdonna, negli atteggiamenti e nel corpo, che per le femministe significava l'incarnazione di tutti gli stereotipi femminili peggiori. Per fortuna, anche se a fatica, qualcosa è cambiato, dalla totale inaccessibilità al lavoro qualche piccolo passo avanti è stato fatto, almeno se ne parla e viene posta la questione. Anche nei movimenti, sia quelli misti che quelli femministi, abbiamo dovuto fare un percorso di vera e propria rinascita: dal venire al mondo come trans all'essere incluse e riconosciute come persone e come soggetti politici. Questo ha spostato qualcosa anche dentro la società laica, mentre la Chiesa rappresenta il simbolo massimo della nostra negazione, lì non siamo proprio contemplate.

Facciamo Breccia è durata quanto il Papa contro il quale maggiormente ha rivolto le sue critiche: all'indomani della decadenza di Ratzinger, a marzo 2013, il coordinamento si scioglie perché ritiene di aver raggiunto gli obiettivi che si era prefissato:

Il 19 aprile 2005 Ratzinger diventava papa: il duo B16[88] – Ruini iniziava un fuoco di fila violento contro lesbiche, gay, trans, donne e tutti i percorsi di liberazione. Per questo costruimmo il coordinamento Facciamo Breccia [...] e abbiamo contrapposto i nostri corpi insieme a migliaia di altre e di altri.

L'11 febbraio 2006, in occasione dell'anniversario della stretta di mano di Mussolini e Pio XI, Facciamo Breccia organizzava, a Roma, la prima manifestazione nazionale NoVat Più Autodeterminazione, Meno Vaticano, a cui ne sarebbero seguite altre quattro.

L'11 febbraio 2013, esattamente sette anni dopo, Ratzinger veniva dimesso, sette e non più di sette, come i sette nani, i sette colli di Roma, le sette piaghe d'Egitto, sette fratelli per sette sorelle, sette vizi per sette virtù!

Molteplici le azioni compiute in questi anni da Facciamo Breccia, quasi sempre censurate o annacquate dai media.

L'irriverenza lo strumento più divertente ed efficace: due frocessioni, nell'autunno 2006 a Verona, in occasione del decennale della Cei, una nel gennaio 2008 a Roma, che contribuì a scongiurare la *lectio magistralis* di Ratzinger alla Sapienza.

La simbolica occupazione di piazza San Pietro del 7 giugno 2008, per protestare contro il divieto di far terminare il Pride in piazza San Giovanni, vede ancora oggi un processo aperto a carico di militanti di Facciamo Breccia.

Così come oggi, con il confino di Ratzinger, anche il Coordinamento Facciamo Breccia si scioglie, per raggiunto obiettivo, diciamo così.

Ma ci siamo e ci saremo ancora, nelle lotte di autodeterminazione, laicità, antifascismo, nei percorsi di liberazione, con altre forme e con altri obiettivi che come quello appena ottenuto siano raggiungibili.

Perché i movimenti hanno un percorso che si dipana carsicamente, che si può apprezzare dai cambiamenti del sentire comune che produce: il Coordinamento Facciamo Breccia orgogliosamente rivendica di essere stato sempre e solo un movimento.

E comunque ci riserviamo di valutare il nuovo papato![89]

---

88   Papa Benedetto XVI.

89   Documento scritto dal Coordinamento emerito di Facciamo Breccia.

Spiega Porpora:

> Il percorso di Fb si è concluso anche perché siamo diventati altro, non ci sentivamo più in grado di rispondere a certe aspettative del movimento, in un momento in cui, fra l'altro, la politica antagonista in generale era un po' fiacca. Noi siamo tornat@ a sentirci un po' fuori dal mondo, anche per le resistenze delle associazioni Lgbtqi più mainstream come Arcigay e Arcilesbica.
>
> Noi siamo sempre state controcorrente e considerate provocatorie, come quando sostenevamo che dei matrimoni gay/lesbo non ci interessava nulla, perché non ha senso una battaglia per una delle istituzioni eterosessuali più normative che ci siano. I movimenti Lgbt sono nati proprio negando il matrimonio! Nonostante questo, negli anni di Facciamo Breccia abbiamo coinvolto tante persone, siamo passate dalle quindicimila presenze della prima No Vat alle cinquantamila della seconda e sempre di più in quelle successive.

No Vat, dove "Vat" sta per Vaticano, è stata una manifestazione di piazza per chiedere non solo l'autodeterminazione e la libertà di scelta responsabile in ogni fase della vita, ma anche l'istruzione pubblica e laica, l'abolizione dell'ora di religione (almeno per come è concepita attualmente nella maggior parte delle scuole, ossia come ora di catechismo), un sistema sanitario pubblico e laico; uno Stato sociale che risponda alle necessità reali delle diverse persone, i diritti e la piena cittadinanza di lesbiche, trans, gay e migranti, l'eliminazione delle leggi ideologiche dettate dal Vaticano e la cancellazione della legge 40/2004 sulla procreazione medicalmente assistita, l'abolizione del Concordato e dei privilegi derivanti (esenzione Ici, otto per mille, etc.).

Le proposte sono il frutto di incontri, assemblee, seminari che Facciamo Breccia ha promosso negli anni, per tenere insieme elaborazioni e pratiche conflittuali contro le istituzioni laiche e religiose, oltre ad essere il riflesso della partecipazione delle/degli attiviste/i di

Facciamo Breccia ad altri pezzi di movimento: da quello che organizza iniziative di sensibilizzazione sull'Aids, alle proteste dei pacifisti contro la guerra permanente.

Nonostante l'impegno del Mit e di molt@ attivist@, le persone transessuali subiscono ancora pesanti discriminazioni, a vari livelli. È di pochi mesi fa la denuncia[90] da parte di un gruppo di ricercatrici e ricercatori, ma anche femministe e attiviste Lgbtqi, delle gravi inesattezze contenute nelle voci "transessuale", "transgender", "omosessualità", "lesbismo", "intersessualità" e "gender" delle edizioni dell'Enciclopedia e del Dizionario di medicina Treccani, risalenti al 2010 e fruibili gratuitamente anche online.

È stata inviata una lettera aperta a Massimo Bray, ex ministro dei Beni e delle attività culturali (e già direttore editoriale dell'Enciclopedia Treccani), e, per conoscenza, a Giuliano Amato, allora presidente dell'Istituto dell'enciclopedia italiana.

Scrivono nella lettera:

> Alla voce "transessuale", ad esempio, si può leggere che il *"transessuale in genere aborre l'omosessualità e cerca invece di cambiare quello che considera lo sbaglio della natura circa il suo corpo. A seconda delle circostanze sociali, economiche e legislative dell'ambiente in cui vive, il transessuale cerca rimedio in ormoni e altri farmaci, in interventi estetici e infine nel cosiddetto cambiamento di sesso chirurgico. In realtà, la chirurgia non ha affatto tale potere: può al massimo costruire una apparenza del genere sessuale agognato mentre distrugge irreparabilmente l'anatomia di quello originario"*. L'autore/autrice della voce sembra ignorare che l'orientamento sessuale delle persone transessuali/transgender è – come per chiunque altra/o – slegato dall'identità di genere ed è quindi falsa l'asserzione che un soggetto transessuale/transgender "aborrisca" l'omosessualità. L'autore/autrice fornisce poi una sua ulteriore valutazione personale – pesantemente stig-

---

90   Vedi http://www.intersexioni.it/genere-identita-di-genere-intersessualita-orientamento-sessuale-secondo-la-treccani-lettera-aperta-al-ministro-massimo-bray/.

matizzante dell'esperienza della riattribuzione chirurgica del sesso – asserendo che non costituirebbe un «rimedio», come invece la letteratura scientifica più accreditata nonché le esperienze e testimonianze delle stesse persone transessuali/transgender confermano.

Alla protesta ha risposto, per ora, solo Giuliano Amato, con una formale sollecitazione a tenere in considerazione le critiche.

Non è certo facile cambiare la testa alla gente, far capire loro che una persona trans non è malata né perversa né pericolosa, è semplicemente diversa. Forse è necessario ripartire da esempi basilari come accadeva nel film *Priscilla. La regina del deserto*, far comprendere che un individuo che non si sente nel proprio corpo è come un eschimese deportato in Amazzonia o un indigeno messicano in Groelandia, ossia senza i minimi riferimenti per vivere a proprio agio e percepirsi nella propria interezza.

«Senti una mostruosità che cresce nel tuo corpo» – racconta Porpora – «con cui non puoi non fare i conti perché cresce, indipendentemente da te, in opposizione alla normalità imposta. Chi vorrebbe convivere con un mostro?».

Capitolo 8
2006
Alla conquista dello spazio e della Rete

«Per conquistare il futuro
bisogna prima sognarlo».
Marge Piercy[91]

Una delle prime robot senza anima, doppio tecnologico della donna dolce materna un po' santa, compare nel capolavoro indiscusso dell'era del cinema muto, *Metropolis* di Fritz Lang[92], e costituisce «la prima rappresentazione cinematografica del mostruoso tecnologico femminile, incarna la visione distopica (indesiderabile, *n.d.r.*) del progresso tecnologico, le paure legate al rapporto fra macchine e umani...»[93]. Uno scenario, quello prefigurato dal regista, dove, tra l'altro, il corpo femminile viene sostituito da una macchina, Futura, che comunque "destabilizza l'ordine patriarcale" e forse anche per questo viene bruciata come una strega d'altri tempi.

Nel 2006 la casa editrice Meltemi pubblica un volume collettivo *Futura. Genere e tecnologie*[94], in cui risalta la contraddizione tra possibilità di reinventare il "femminile" attraverso le nuove tecnologie e, all'opposto, il rischio che vengano intensificati gli stereotipi sessuali. Il libro non rimanda a Lang solo per via del titolo, ma anche perché i saggi che ospita affrontano proprio quello che è accaduto da

---

91   Marge Piercy, scrittrice, poeta e attivista statunitense.

92   Film del 1927 diretto da Fritz Lang (1890-1976), regista e sceneggiatore austriaco, ma anche pittore e illustratore visionario, considerato uno dei grandi maestri del cinema.

93   Cfr. *Futura. Genere e tecnologie*, F. De Ruggieri e A.C. Pugliese (a cura di). Meltemi editore, Roma 2006, p. 100.

94   *Ibidem.*

89

Metropolis in poi, ossia: l'entrata in scena di robot, cyborg e organi artificiali che permeano la nostra vita e che incontriamo al cinema, in letteratura, nei videogiochi. Le autrici, da vari punti di vista, riflettono sull'immagine del corpo come «identità fluida, molteplice, dai confini aperti» che d'altro canto rischia di «cancellare proprio la materialità dei corpi che è […] la base del desiderio, dell'identità e della produttività semiotica e simbolica delle donne».

Sempre nel 2006 muore una delle autrici di fantascienza più importanti nel panorama internazionale, Octavia Butler: con la sua opera ha vinto molti premi, nel 1995 è diventata la prima scrittrice di science fiction a ricevere il premio MacArthur, un riconoscimento statunitense che viene dato ai "geni". Di origine afroamericana, con una nonna che aveva lavorato quasi in schiavitù in una piantagione di canna da zucchero, diceva di sé di essere timida, sognatrice, «confortevolmente asociale». In un'intervista a Nancy V. Hayes affermò che secondo lei la maggior parte delle scrittrici di fantascienza hanno a che fare con il femminismo: «Non necessariamente devono parlarne, ma hai l'impressione che sono sufficientemente indipendenti mentalmente e tutt'altro che interessate a svolgere un ruolo femminile tradizionale».

Gli intrecci fra femminismi, nuove tecnologie e rappresentazione fantascientifica sono oramai numerosi, nonostante «una delle accuse più dure rivolte alla science fiction è stata forse proprio di essere stata a lungo "asessuata" o esplicitamente sessista – con il che si intende maschilista – in un arco che va dall'esplicita misoginia a un meno appariscente adeguarsi ai ruoli e agli sguardi dominanti nelle società storicamente date»[95]. Questo vale almeno per gli albori della fantascienza, quando i principali editori erano convinti che alle donne non interessassero quei temi e molte autrici erano indotte a usare pseudonimi maschili. Poi il femminismo degli anni Sessanta/Settanta spazza un po' di pregiudizi anche in questo campo lettera-

---

95   Cfr. Daniele Barbieri e Riccardo Mancini, *Di futuri ce n'è tanti. Otto sentieri di buona fantascienza*, Avverbi Edizioni, Roma 2006.

rio e il suo essere un genere tradizionalmente "minore" ha permesso più agevolmente l'accesso alle donne, come spiega Maria Serena Sapegno: «quest'ingresso, d'altronde, ha rivoluzionato dall'interno le coordinate della fantascienza classica, non solo e non tanto immettendovi protagoniste e tematiche femminili, ma perché ha riattualizzato due delle potenzialità principali del genere. Da un lato, la potenzialità critica, irrisoria dell'esistente e delle sue convenzioni; dall'altro, la potenzialità utopica, l'immaginazione liberatoria di un altrove che attui i desideri e che tuttavia è sempre in tensione dialettica con la proiezione dei peggiori incubi, polarizzati intorno alla cancellazione del corpo e allo scontro tra "il potere dello scienziato e il potere materno"»[96].

L'eredità del femminismo degli anni Settanta e l'impronta fantascientifica, e successivamente anche un po' cyberpunk, la ritroviamo in un gruppo romano nato verso la fine del 2013 e che ha scelto di chiamarsi "Cagne Sciolte alla conquista dello spazio": dopo aver contestato la visita di Putin a Roma davanti al Quirinale, nella giornata internazionale contro la violenza maschile sulle donne, hanno occupato uno spazio "terrestre" abbandonato, un ex night club sulla via Ostiense.
Sono donne che provengono da percorsi diversi, dai collettivi universitari a quelli femministi, passando per la lotta per la casa e la partecipazioni ai movimenti No tav, alcune sono state fra le animatrici di Sommosse nel 2007[97]. Insieme hanno scelto di recuperare il *Manifesto "cagna"* scritto da Joreen, femminista statunitense, nell'autunno del 1968, che in un passaggio afferma:

---

96   Cfr. in *Laboratorio 1, 2, 3… 10! Dieci anni di attività didattica, politica, ricerca, Laboratorio di studi femministi* (a cura di) "Anna Rita Simeone" – Sguardi sulle Differenze, 2009, online su www.sguardisulledifferenze.org. Un interessante studio è anche *Utopia e femminismo*, di A.M. Verna e P. Vaglio Giors, Luciana Tufani editrice, Trieste 2009.

97   Vedi cap. 9.

Le cagne[98] sono, per definizione, esseri marginali di questa società. Non hanno un proprio posto e in ogni caso non lo occuperebbero anche se esistesse. Sono donne, ma non "vere donne". Sono esseri umani, ma non di sesso maschile. Alcune non sanno nemmeno di essere donne perché non riescono a relazionarsi con le altre donne. Possono divertirsi a giocare un ruolo femminile alle volte, ma sanno che si tratta di un gioco. La loro maggiore oppressione psicologica deriva non dalla convinzione psicologica di essere inferiori, ma dal sapere di non esserlo. Così, è stato rinfacciato loro per tutta la vita di essere streghe. Naturalmente sono stati usati anche termini più gentili, ma il messaggio è comunque arrivato. Come alla maggior parte delle donne è stato insegnato loro ad odiare se stesse e tutte le altre donne. In modi diversi e per ragioni diverse, forse, ma l'effetto è lo stesso. Interiorizzare un'idea di sé negativa si traduce sempre in una buona dose di amarezza e risentimento. Questa rabbia è di solito o rivolta contro di sé, rendendo una persona sgradevole, o su altre donne, rafforzando perciò gli stereotipi sociali. Solo attraverso la coscienza politica la rabbia viene rivolta all'origine del problema, che è il sistema sociale[99].

Le Cagne Sciolte del nuovo millennio hanno intenzione di seguire questa scia e lo fanno con l'aiuto delle nuove potenzialità comunicative offerte dalla rete: il loro comunicato con le foto dell'occupazione è stato rilanciato in breve tempo anche sugli altri social network. Hanno scelto un luogo – scrivono online – che vuole essere un punto di riferimento e di incontro per le donne. In particolare, vogliono aprire:

---

98   In questo capitolo in corsivo viene citato un brano tratto dall'articolo di Joreen, *The Bitch Manifesto*, (tr. it. *Manifesto cagna*) scritto nel 1968 ma pubblicato in «Notes from the Second Year: Women's Liberation. Major Writing of the Radical Feminists», edito da Sulamith Firestone e Anne Koedt, 1° gennaio 1970.

99   Vedi http://leribellule.noblogs.org/post/2013/04/08/il-manifesto-cagna/.

uno spazio di accoglienza per le donne che hanno subito o subiscono violenza, riservando un luogo protetto per le situazioni concrete e personali, dove sarà possibile avere colloqui con operatrici e avvocate, dove si possano trovare tempi e modalità per rielaborare e liberare le proprie vite da ricatti e sensi di colpa. Ognuna può uscire dall'isolamento e dal senso di impotenza in cui vogliono rinchiuderci attraverso la paura e la diffidenza, i falsi miti sull'individualismo e l'arrivismo. [...] In questo progetto ci mettiamo tutta la voglia e il coraggio di iniziare da capo e imboccare strade inesplorate, convinte di trovare altre sorelle lungo il cammino, perché sentire la solidarietà e la presenza delle altre è sempre qualcosa che cambia le prospettive e apre possibilità che prima neanche si vedevano. Insieme si moltiplicano le forze: quello che ci sarà è innanzitutto quello che vorrai condividere e contribuire a creare. Sarà uno spazio in cui venire a prendere fiato da una vita che ti soffoca, a comunicare con le altre, in cui proporre e costruire tutti i progetti che desideri, uno spazio in cui confrontarsi su quello che succede intorno e ciò che vorremmo cambiare, in cui sperimentare pratiche per agire, dove trovare una situazione di mutuo aiuto per tutti i problemi che ci rendono la vita una faticata anziché una ficata. Noi ci mettiamo l'inizio, il seguito lo determina chi vorrà esserci e sostenerci, consapevoli che cerchiamo di abbattere un sistema che disprezziamo, fondato sullo sfruttamento e la sopraffazione: il nostro non sarà un luogo per accumulare denaro, né per avere riconoscimenti sociali, né per farsi forza con le debolezze delle altre. Non ci interessano i contentini e le pacche sulle spalle (o sul culo!)[100].

Le Cagne Sciolte non sono state ancora censite nella grande mappatura che sta facendo la Rete delle reti femminili[101], uno strumento collettivo, e un ottimo progetto *in fieri*, per avere anche solo l'idea della presenza femminile e femminista nella galassia di Internet. Oltre trecento blog di donne che parlano alle donne, più

---

100   Vedi http://cagnesciolte.noblogs.org/.

101   Vedi www.retedelledonne.org.

infiniti rimandi a spazi virtuali su argomenti confinanti che sono stati divisi sia per tematiche sia per le forme dello stare insieme (collettivi, associazioni, reti solo virtuali).

È indubbio che il legame fra i nuovi femminismi italiani e il web è strettissimo, come osserva Monica Pepe, blogger e ideatrice del sito Zero violenza donne:

> I social media hanno spinto le ideologie a una rapida accelerazione, modificandone – se non le intenzioni – il linguaggio. Ormai anche le donne e gli uomini che manifestavano negli anni '70 hanno capito, e si sono buttati su Internet come i loro figli e nipoti. È interessante osservare l'interazione tra le blogger femministe e l'informazione più istituzionale: ci si scambiano dati, si moltiplicano le possibilità di azione e di comunicazione visiva, si avviano condivisioni molto più creative che in passato.

Certo non basta semplicemente un click – nella rete si sa c'è tutto e il contrario di tutto – e non manca un po' di confusione: c'è bisogno di pazienza per andare a stanare tumblr – piattaforma di microblog molto facile da usare –, pagine e siti che a volte sono di nicchia o mancano di rimandi (tag) che permetterebbero una visibilità maggiore, ma è come se alle nuove generazioni non mancassero le bussole per orientarsi. Il risultato è la diffusione in tempi rapidissimi di contenuti, campagne e iniziative, come dimostra il lavoro svolto da alcuni anni da "Un altro genere di comunicazione", blog collettivo, redatto da un gruppo di donne di età compresa tra i venticinque e i quarant'anni, che in particolare analizzano e riflettono sull'uso del corpo e dell'immagine femminile[102] nelle pubblicità e nei media, perché come dice una

---

102   Da oltre vent'anni un artista sociale e fotografo, Ico Gasparri, lavora su questo tema, unico uomo a farlo, con un progetto che è diventato anche un libro dal titolo *Chi è il maestro del lupo cattivo? La donna nella pubblicità stradale Milano 1990-2011*, Edizione Ichome, Milano 2012. Per maggiori informazioni su *www.icogasparri.net*.

di loro, Mary: «La rappresentazione stereotipata e distorta delle donne sui mezzi di informazione consiste in una grave forma di discriminazione di genere. Bisognerebbe smettere di sottovalutare questo aspetto»[103].

---

103   Vedi http://comunicazionedigenere.wordpress.com.

Capitolo 9
2007/2008
Le Sommosse turbolente

«Il crinale più difficile per le donne
è quello della ricerche di pratiche nuove,
nelle quali il riconoscimento reciproco sia capace
di creare un linguaggio condiviso».
Fabrizia Giuliani, Sara Fortuna, Monica Pasquino[104]

La rete nazionale Sommosse è stato un grande laboratorio speri-
mentale di femminismi e nuove tecnologie, oltre seicento donne
si sono confrontate su una mailing list nazionale, mettendo a dura
prova le regole della Netiquette[105], quei pochi princìpi di buona
educazione informatica che alcune, pazientemente, hanno provato
a far rispettare.
Quali sono queste regole? Ci sono quelle più formali: ossia manda-
re messaggi sintetici e chiari, non divagare troppo rispetto all'argomento della lista, rispondere a qualcuna citando solo i passaggi rilevanti del messaggio originario, facilitare la comprensione da parte di
coloro che non hanno letto tutte le mail, non riportare mai l'intero
messaggio originale, se non quando necessario.
Poi ci sono le regole di contenuto: niente insulti, niente guerre a
colpi di messaggi e contromessaggi, se ci sono questioni personali,
meglio chiamarsi al telefono che tediare altre centinaia di donne, così come l'appuntamento per l'aperitivo o il cinema non è

---

104   Sono tre filosofe del linguaggio. Cfr. F. Giuliani, S. Fortuna, M. Pasquino, *Storie
di femministe, filosofe rumorose*, Manifestolibri, Roma 2003.

105   La Netiquette è una sorta di galateo della rete che riguarda sia la forma che
i contenuti da veicolare tramite Internet. Cfr. http://www.bio.unipd.it/local/internet_
docs/netiq.html.

detto sia da comunicare proprio a tutte. Soprattutto, se la lista è nazionale.

Nonostante questo, e malgrado discussioni infinite su questioni importanti (dal nome al che fare), Sommosse è stato un luogo di confronto reale che, anche nel conflitto aspro fra gruppi e/o fra gruppi e singole, ha saputo far circolare energie e idee. La fine del percorso, per alcune è stata più sofferta e dolorosa, per altre ha significato solo un cambio passo.

Uno dei dibattiti più lunghi è stato quello sull'importanza di dirsi "assemblea di femministe e lesbiche".

Non semplicemente donne, perché non siamo tutte uguali e non la pensiamo tutte alla stessa maniera. Femministe perché ha un significato politico preciso, indica una visione del mondo. Non solo femministe, ma anche lesbiche, per riconoscere la soggettività politica di chi è tenuta al margine dal modello eterosessuale normativo imposto dalla società in cui viviamo e che deve ogni giorno fare i conti con la lesbo/omofobia imperante. Ma anche perché le lesbiche sono un soggetto politico autonomo al pari di altri.

Un modo di nominarsi che ha voluto testimoniare la pratica inclusiva delle tante donne, ognuna diversa, che hanno preso parte a quel percorso, condividendo delle parole chiave precise: antirazzismo, antifascismo, piacere e passione per la politica, nessun cappello partitico/ideologico, creatività e uso delle nuove tecnologie nelle battaglie contro il sessismo, attenzione all'intersezione fra sesso/classe/genere e desiderio di spiazzare e sovvertire la percezione comune e i modelli culturali di riferimento.

Per molte donne, soprattutto le più giovani, quella "e" che ha unito percorsi politici e identità diverse non è stata un problema, mentre lo è stata allora e lo è ancora per alcune femministe.

Scriveva a riguardo nel 2007 Ida Dominijanni, sulle colonne de *il manifesto*:

> Nel lessico del "nuovo" movimento femminista si fa strada a grandi passi l'uso della seguente elencazione di soggetti e soggettività: fem-

minista, gay, lesbica, trans, queer. Sempre più spesso sento dire (e vedo scrivere, anche sul *manifesto*) "femminista e lesbica", o perfino "donne e lesbiche" e "uomini e gay", dove la "e" vuole significare l'aggiunta di un'altra identità e di un'altra soggettività politica. Ora è chiaro che, all'ingrosso, si tratta di un allargamento della platea delle soggettività interessate a una politica della sessualità. Ma nella politica della sessualità, non siamo mai andate all'ingrosso. Quella "e" significa che le femministe e le lesbiche sono due soggetti politici distinti, uniti, alleati? Che le lesbiche non sono donne, o che i gay non sono "veri uomini"? E di converso sottintende (paradossalmente e involontariamente) che i veri uomini e le vere donne sono eterosessuali? Il femminismo italiano, a differenza di quello americano, fin qui non si è voluto dividere al suo interno fra eterosessuali e lesbiche; e quando pure il problema si è posto, è stato lungamente discusso. L'automatismo odierno di quella "e" significa che oggi invece il femminismo intende dividersi, o articolarsi, secondo gli orientamenti sessuali? Nominare gli orientamenti sessuali, lo so bene, serve a portare alla luce del sole (e dei diritti) le sessualità "devianti" tenute nell'ombra dalla normatività eterosessuale. Ma degli orientamenti sessuali vogliamo fare altrettante identità e altrettante soggettività politiche? La politica della sessualità mira a moltiplicare o a decostruire le identità? Oppure l'elenco di cui sopra, più banalmente, è un'alleanza per la rivendicazione di diritti? Ma se è così, da quando la politica della sessualità si riduce alla rivendicazione di diritti e si accontenta di muoversi sul terreno della laicità, come se la laicità fosse di per sé garante della libertà femminile o della fine dell'omofobia?[106]

Allora come oggi, in molte rispondono che non c'è nessuna volontà di fermarsi alla pura rivendicazione di diritti o moltiplicare in chiave ideologica le identità.

---

106   Tratto dall'articolo dell'11 dicembre 2007, disponibile on line su http://amoscrivere1258.wordpress.com/.

Indubbiamente si è trattato di un'alleanza fra soggettività politiche autonome e di un reale e inequivocabile riconoscersi nelle differenze, di nominare storie e pratiche politiche incarnate in corpi diversi, di dare piena cittadinanza, ad esempio, alle donne trans, o di chiamare per nome quelle che vogliono andare oltre qualsivoglia etichette e si riconoscono nella più complessa identità queer, che a sua volta non indica lesbismo ed eterosessualità come poli opposti, ma li valorizza entrambi.

Si è trattato, ieri come oggi, di accogliere pienamente le sfumature dei corpi che abitiamo, in tutta la loro precarietà esistenziale, cifra che, volenti o nolenti, forse non tocca così da vicino le femministe storiche.

Sommosse si è dunque definita "assemblea di femministe e lesbiche" e la rete, nata dal basso durante un incontro promosso da alcune donne[107], nel giro di poche settimane è riuscita a organizzare e promuovere la manifestazione contro la violenza maschile che si è tenuta a Roma il 24 novembre del 2007.

Oltre duecentomila donne in corteo, un palco televisivo contestato e uno slogan che non lasciava spazio a dubbi: "L'assassino ha le chiavi di casa".

L'assemblea di donne arrivate da tutta Italia era stata ferma su un punto: nessun cappello istituzionale, nessun palco, nessun testimonial ma tutte protagoniste.

---

107 Nella lettera di convocazione del primo incontro che darà vita a Sommosse si legge: «Care amiche, il costante aumento di violenza maschile sulle donne e di femminicidi, che avvengono soprattutto in contesti familiari, ci hanno fatto riflettere sull'urgenza di organizzare una manifestazione che mobiliti a livello nazionale donne, associazioni e rappresentanze sociali contro la violenza sulle donne. Per verificare l'effettiva capacità organizzativa di un evento di tale complessità vi invitiamo a partecipare tutte ad una assemblea pubblica che si terrà alla Casa internazionale delle donne (via della Lungara 19, Roma) domenica 21 ottobre, ore 10.30». Firmato da Angela Azzaro, Beatrice Busi, Roberta Corbo, Annalisa D'Urbano, Olivia Fiorilli, Chiara Giorgi, Mariarosaria La Porta, Maria Tiziana Lemme, Luciana Licitra, Aurelia Longo, Valentina Mangano, Ilaria Moroni, Monica Pepe, Elena Petricola, Valeria Ribeiro Corossacz, Barbara Romagnoli, Laura Ronchetti, Maria Russo, Marzia Saldan, Ornella Serpa, Marina Turi.

Tutte in piazza per affermare, senza giri di parole, che la maggior parte delle violenze avviene in ambienti domestici e nelle relazioni di coppia, dove il rapporto di potere tra i sessi continua ad alimentare i paradigmi della cultura patriarcale. Per ricordare che la maggioranza delle aggressioni accade per mano di padri, fratelli, mariti, fidanzati, zii, cugini o ex. Ripetendo fino alla noia che la violenza non ha confini e attraversa i continenti, le religioni, le etnie e i generi. Non solo, per contrastarla non servono norme repressive ma è necessario cambiare le dinamiche di potere fra i sessi.

Nonostante la chiarezza, i media hanno alimentato la polemica con le Sommosse perché durante il corteo sono state fischiate Mara Carfagna e Stefania Prestigiacomo e lanciati degli insulti alle allora ministre Pollastrini, Turco e Melandri.

Peccato che la stampa non abbia raccontato i motivi di quella contestazione: a piazza Navona, dove si concludeva il corteo, la televisione La7 aveva montato un palco invitando le ministre a intervenire, nonostante le organizzatrici non fossero d'accordo e non volessero passerelle di politiche o testimonial. Le politiche contestate avevano provato a mettere un "cappello" non voluto, non richiesto e soprattutto non compatibile con i contenuti della manifestazione.

Il sommovimento femminista è andato oltre le rimostranze e ha provato a lavorare ancora in rete, creando un secondo appuntamento: infatti, a distanza di qualche mese, il 23 e 24 febbraio 2008, si tiene a Roma un altro meeting il cui acronimo è Flat, Femministe e Lesbiche ai Tavoli. L'idea è quella di proseguire nell'elaborazione comune sul tema della violenza, produrre contenuti e pratiche dopo la presa di parola pubblica con il corteo.

Centinaia di donne da tutta Italia si riuniscono fra la Casa internazionale delle donne e l'Aula magna della Chiesa valdese a Roma e si dividono in gruppi di discussione.

Fra i documenti che vengono proposti nel tavolo sul lavoro, c'è quello focalizzato sulla richiesta del reddito per l'autodeterminazione, che include e supera il cosiddetto "reddito di cittadinanza" perché tiene dentro non solo il lavoro di cura, ma anche una critica al valore del lavoro nelle società moderne.

La nostra esistenza non si esaurisce nel lavoro inteso come quello produttivo in fabbrica, in ufficio o riproduttivo e di cura a casa – sostengono le femministe e lesbiche della Flat – perché abbiamo bisogno di tempo e risorse per fare altro.

Le politiche sociali devono pensare a garantire reddito non lavoro, i soldi volendo ci sono – basta ripensare i costi dello Stato o le spese militati per fare degli esempi – e la domanda che viene posta è: perché nell'epoca della flessibilità globalizzata assistiamo alla "femminilizzazione" del lavoro, ma non si è verificata nessuna "maschilizzazione" del lavoro di cura e di ri-produzione?

La risposta è in un denso e discusso documento dal titolo *Fuori dal lavoro, fuori dalla famiglia, reddito per l'autodeterminazione* che riportiamo per intero:

Fuori dalla famiglia.

Nonostante le trasformazioni che l'hanno attraversata e la moltiplicazione delle sue forme, la famiglia continua ad essere fondata su rapporti di potere tra i sessi e su relazioni che hanno come paradigma quello dell'appropriazione dei corpi e del lavoro delle donne, malgrado si proclami la parità tra uomini e donne.

La famiglia, fondata in primo luogo sulla coppia eterosessuale – proposta come destino sociale, cellula isolata, unico spazio della realizzazione delle proprie possibilità relazionali, sessuali e affettive – continua ad essere il principale luogo in cui si perpetua la violenza sulle donne. Tuttavia rimane il "sacro feticcio" agitato dalla politica e dal Vaticano diventando sempre più oggetto di promozione e tutela da parte dei pubblici poteri che su di essa basano e vogliono continuare a basare il nostro sistema di welfare.

La violenza è ancora una caratteristica molto diffusa all'interno della struttura familiare: la violenza sessista da parte di compagni, mariti, padri, fratelli è la principale causa di morte delle donne tra i sedici e i quarantaquattro anni. Accade troppo spesso che strumentalmente si denuncino unicamente le violenze compiute da uomini di cultura non occidentale e si taccia sulle violenze degli uomini italiani contro le donne, italiane e straniere. Se c'è qualcosa che unisce gli uomini di ogni cultura, infatti, è proprio la violenza contro le donne che è funzionale al mantenimento dei rapporti di potere tra i sessi. La violenza è elemento strutturale del patriarcato ed ha il suo luogo di elezione nella famiglia in quanto istituzione che perpetua i modelli del "maschile"'e del "femminile". Questi modelli culturali sono costruiti come opposti e complementari generando un sistema di relazioni vincolante e per questo intrinsecamente violento, caratterizzato dal non riconoscimento dell'autodeterminazione e della soggettività delle donne.

La diversità delle forme familiari (alternative nei vincoli che le tengono unite e/o nel sesso di chi le compone) non ha comportato il superamento dei ruoli e di una complementarietà binaria e asimmetrica.

Anche la stessa disciplina sulle convivenze di fatto mai andata in discussione al Parlamento riproponeva e rafforzava il modello unico della famiglia tradizionale come "società naturale fondata sul matrimonio", invece di garantire e consentire a tutt@ l'esercizio dei propri diritti e delle proprie responsabilità all'interno delle forme di relazione liberamente scelte.

Della volontà di difendere questo modello resta emblematica la legge 40 che, contro ogni forma di autonomia delle donne, impone di essere rigorosamente in coppia ed esclusivamente eterosessuali per poter accedere alla Procreazione medicalmente assistita (Pma). Inoltre, questa legge ripropone la scissione tra gestante ed embrione, ponendo in contrapposizione i diritti delle donne e il "bene del concepito". Creando lo Statuto giuridico dell'embrione si vuole ristabilire il controllo sul corpo delle donne e sulla riproduzione che sono tuttora il cuore del potere patriarcale, facendo anche un passo indietro rispetto alle faticose e comunque insoddisfacenti e mai del tutto attuate conquiste fatte con l'approvazione della legge 194 sull'interruzione volontaria di gravidanza.

Fuori dal lavoro.

La gestione della riproduzione è, infatti, parte essenziale della divisione sessuale del lavoro. Le relazioni tra i sessi sono ancora fortemente segnate da una divisione del lavoro completamente basata sul ruolo di mogli, compagne, amanti, sorelle, figlie, nonne assunto dalle donne.

Già trent'anni fa alcune femministe rivendicavano, in attesa della sua socializzazione, il salario per il lavoro domestico. Da allora, se si è prodotta la cosiddetta "femminilizzazione" del lavoro, non si è verificata però una "maschilizzazione" del lavoro di cura e di ri-produzione.

Questo significa che nonostante nel discorso politico corrente sia diffusa la consapevolezza di come le caratteristiche tipiche del lavoro "riproduttivo", cosiddetto "femminile", siano state imposte ed assimilate nella gran parte del lavoro comunemente considerato "produttivo" e siano divenute il paradigma della precarietà (che esige capacità relazionali, disponibilità e reperibilità assolute, mancata distinzione tra tempi di lavoro e tempi di vita, flessibilità), si continua a voler ignorare come non sia avvenuto il contrario. Il lavoro di cura e ri-produzione continua a non essere considerato come "lavoro" e soprattutto continua ad essere svolto esclusivamente dalle donne.

Anche quando il lavoro di cura viene esternalizzato alle donne migranti, e quindi monetarizzato, resta immutata comunque la caratteristica della divisione sessuale del lavoro; questa forma del lavoro è l'unica che non sia strutturalmente cambiata.

Se nei decenni passati il lavoro fuori di casa ha rappresentato per le donne un insostituibile strumento di emancipazione dai legami familiari, e cioè dalla dipendenza economica nei confronti di padri e mariti, e di valorizzazione delle proprie capacità e risorse, oggi non possiamo più attribuirgli questo valore fondante dell'esperienza soggettiva.

Sul mercato del lavoro le donne sono retribuite meno degli uomini, occupano posizioni meno rilevanti socialmente ed economicamente e continuano a farsi carico del lavoro domestico di riproduzione della forza lavoro. La precarizzazione dei rapporti lavorativi ha infatti prodotto una situazione diffusa di incertezza e debolezza negoziale: lavoratrici e lavoratori, sempre meno tutelati dalla legge e messi costantemente di fronte a una contrattazione individualizzata e asimmetrica, vivono una condizione di vero e proprio assoggettamento e ricattabilità, ma anche di prolungata dipendenza economica rispetto alla famiglia.

Per questo oggi è in primo luogo al reddito, e non al lavoro, che si deve puntare come strumento necessario per l'autodeterminazione di donne e uomini. Il reddito permetterebbe infatti di non trovarsi costretti ad accettare condizioni di lavoro poco dignitose o frustranti, spesso in grado di spegnere anche la passione più forte per la propria attività.

Reddito per l'autodeterminazione.

Negli anni '70, la parte del movimento femminista che chiedeva un salario per il lavoro domestico e contro la divisione sessuale del lavoro, aveva colto la centralità della lotta per il riconoscimento della produttività delle attività di cura che le donne, non retribuite, svolgono nelle famiglie.

Oggi non ricordiamo quell'esperienza per chiedere un riconoscimento o una monetarizzazione del lavoro di cura che le donne ancora svolgono. Monetizzare e quindi riconoscere questa attività ci inchioderebbe al suo svolgimento e ne confermerebbe ancor di più la prospettiva sessuale.

Oggi ci interessa invece sottolineare il paradosso del non riconoscimento del lavoro di cura. Così come il modello neoliberista non quantifica né riconosce un lavoro potenzialmente infinito e che riguarda tutti, così noi non riconosciamo le distinzioni che questa società vorrebbe fare tra lavoro e non lavoro, e per questo affermiamo che un reddito ci spetta indipendentemente dal nostro essere all'interno di rapporti di lavoro codificati dal modello capitalista e patriarcale. Ma soprattutto per affermare che vogliamo sia garantita a tutt@ l'esistenza, al di là di quello che si sceglie di fare. Oggi non chiediamo la retribuzione del lavoro di cura perché vogliamo che esso sia solo una delle attività che ognun@, uomo o donna, possa scegliere di svolgere. Un'attività frutto della libera scelta, della passione o dell'amore tanto quanto ogni altra attività in una società che garantisca ad ognun@ l'esistenza – anche sul piano materiale – per il solo fatto di essere nat@, ma, soprattutto, che permetta l'autodeterminazione dei soggetti.

Tutt@, infatti, indipendentemente dal luogo di nascita e dalla cittadinanza, dall'orientamento sessuale dovrebbero avere queste garanzie. Per tutte queste ragioni noi oggi chiediamo un reddito per l'autodeterminazione per tutt@ come strumento per sovvertire la divisione sessuale del lavoro e per scardinare l'impianto familista, lavorista e nazionalista dello stato sociale.

Per potere uscire dalla famiglia e dal lavoro è necessario pretendere un reddito sin dal momento della nascita, scisso da ogni stato civile e condizione produttiva. Inoltre solo il riconoscimento del reddito anche ai minorenni svincolerebbe le donne dall'essere confinate in ruoli stereotipati, fra tutti la cura dei figli.

Infine, la possibilità di liberarsi dal lavoro percependo un reddito potrebbe favorire il diffondersi di stili di vita improntati alla decrescita e liberi dal consumismo compulsivo causato da lavori poco gratificanti, che "risucchiano" l'intero tempo di vita. Dunque per rifiuto del lavoro non intendiamo il rifiuto di qualsiasi attività, ma quello dei rapporti produttivi codificati dalla società capitalistica e patriarcale.

Non c'è sciopero che tenga di fronte alla possibilità stessa di sottrarsi al lavoro! Il reddito è lo strumento più robusto di cui lavoratrici e lavoratori possono servirsi per ridisegnare le regole del lavoro stesso.

Per queste ragioni il reddito potrebbe essere uno strumento per ricostruire un terreno comune di lotta per le/i lavoratrici/ori, che in un sistema precarizzato e de/personalizzato sono vittime dell'individualizzazione delle tipologie contrattuali e delle condizioni lavorative, privati del valore della contrattazione collettiva e della solidarietà sociale e dunque costretti ad una dinamica basata sulla competitività e sulla conflittualità anziché sulla condivisione.

Il reddito che ci immaginiamo dovrebbe essere di tipo diretto e indiretto, sotto forma di denaro ma anche di libero accesso alle risorse e ai servizi.

Conclusioni.

La nostra rivendicazione di reddito non è antitetica alla richiesta che viene posta da tempo dalle varie componenti del movimento, ma è sicuramente integrativa. Ci sembra infatti paradigmatico di quanto poco il movimento si sia lasciato attraversare dalle riflessioni del movimento femminista, il fatto che quasi in nessuna analisi o teorizzazione venga riportato il caso emblematico di quello che è il lavoro non retribuito sicuramente più diffuso come il lavoro di cura.

Riteniamo che la richiesta di reddito posta esclusivamente come uscita dal lavoro e non come uscita dalla famiglia, collettivamente riconosciuta come "cellula" fondante del sistema capitalista e come struttura in cui avviene "l'educazione" a tale sistema, non sia sufficiente. L'uscita dalla famiglia rappresenta per noi un passaggio imprescindibile e fondamentale all'interno di un più radicale ripensamento della società, che comincia dalle relazioni uomo-donna.

Il reddito allora è una pretesa legittima e necessaria, almeno finché si aspira all'autodeterminazione, e la rivendicazione di un reddito per tutte e tutti, di per sé economica e materiale, ha secondo noi sia un valore simbolico, in quanto deve essere comunque affiancata da una battaglia politica e culturale che scardini i ruoli e i modelli, sia un valore specifico, in quanto pone alla base del sistema di welfare non più la rispondenza ad un ruolo o ad una condizione sociale ma il solo fatto di esistere, ed è quindi contrapposta agli assegni familiari e a tutte quelle politiche che legano l'assistenza pubblica al "ruolo".

Per potere uscire dalla famiglia e dal lavoro è dunque necessario pretendere un reddito sin dal momento della nascita, scisso da ogni stato civile e condizione produttiva.

Ma soprattutto il reddito individuale è uno strumento simbolico, ancora prima che pratico, per sovvertire un immaginario che relega le donne al ruolo di 'riproduttrici della specie' o almeno di "dolce metà" di un uomo. In questo senso intendiamo il reddito, individuale e incondizionato, anche come uno strumento di liberazione dal dispotismo emotivo della coppia, che viene proposta come destino sociale, luogo del privilegio emotivo, unico ambito di espressione delle proprie necessità affettive ed emblema del privato opposto al resto del mondo.

Un reddito ci spetta!

È un testo che potrebbe essere considerato una sorta di manifesto generazionale dei femminismi del Duemila, anche se a scriverlo non sono solo le giovanissime, perché esprime chiaramente cosa pensano molte "ragazze dal cuore antico", parafrasando Adele Cambria, attenta osservatrice di quella due giorni, che in un articolo sull'*Unità* rileva come la nuova stagione dei femminismi italiani abbia raccolto il meglio del passato e lo abbia rimesso in gioco con «gioiosa corporeità, noi "vecchie" accolte con tenerezza, ascoltate con curiosità. Tanti cervelli lucidi e coraggiosi al lavoro, parole che portano il segno di una elaborazione "lunga" e rapida a un tempo»[108].

Il brano sul reddito risponde agli interrogativi su cui ancora si misurano i femminismi italiani: perché, in Italia, non si è concluso il processo di reale uguaglianza e parità fra uomini e donne? Come fare a modificare i rapporti di potere maschili, anche quando sono agìti dalle donne? In che modo salvaguardare l'autonomia e l'autodeterminazione delle donne dalle pretese di politiche e religioni che vogliono decidere sui loro corpi? Perché ancora non è stato infranto il tabù della sessualità?
Tutto ciò non avviene perché la società italiana è profondamente maschilista e non sono bastate le lotte degli anni Settanta a modificare comportamenti e culture di riferimento.
Le proposte formulate dalla Flat sono concrete, non sono soltanto elaborazioni teoriche.
Per un momento alcune hanno pensato che si potesse davvero trasformarle in realtà, che fuori dalla Flat quelle idee venissero raccolte e messe in pratica. È stato un pensiero durato poco più di un attimo, lo sforzo collettivo non è stato sufficiente e dopo qualche mese la rete di Sommosse ha cominciato ad allentarsi, un pezzo alla volta fino al punto di sciogliersi o comunque disperdersi in piccoli rivoli territoriali.

---

108   Cfr. A. Cambria, *La forza delle "ragazze": il nuovo femminismo cammina insieme al vecchio*, in «l'Unità», 8 marzo 2008.

Il perché è difficile ricostruirlo, ci sono stati altri momenti assembleari (nel 2008 a Bologna) e sempre nel 2008 è stata organizzata in occasione della Giornata internazionale per l'eliminazione della violenza contro le donne una manifestazione come rete nazionale di femministe e lesbiche, dichiarandosi tutte "indecorose e libere" per contrastare il disegno di legge Carfagna, che intendeva criminalizzare le prostitute e imporre regole di condotta per tutte, dividendo le donne in buone e cattive, in sante e puttane, in vittime e colpevoli. Ma negli stessi mesi si consuma la fine dell'assemblea romana che, oltre a dar vita nel 2007 alle Sommosse, era anche un po' il riferimento nazionale: ad un certo punto viene meno l'ascolto e il riconoscimento reciproco. Le diverse anime del movimento romano non trovano più un linguaggio condiviso, si torna a lavorare nei gruppi di appartenenza originari, laddove sono ancora rimasti, o si prendono nuove e differenti strade.

Non c'è stata una elaborazione collettiva del perché questo sia avvenuto, le risposte sono state molteplici: incapacità di vivere i confitti relazionali all'interno dell'assemblea, autoreferenzialità e comunicazione non efficace con l'esterno, bisogno per alcune di lavorare concretamente sui territori, difficile messa in comune fra i contenuti, e le forme, delle femministe dell'area antagonista e altri gruppi più legati al mondo della ricerca o dell'accademia. Le troppe discussioni delle ultime riunioni hanno sicuramente avvelenato l'aria, alimentando contrasti e allontanando, da un lato, le meno politicizzate, dall'altro, quelle militanti che vorrebbero che la politica non fosse solo lacrime e sangue ma passione e diletto nel fare e proporre nuove azioni e parole.

La mailing list è ancora attiva ma è un contenitore vuoto, ogni tanto gira un messaggio ma non c'è più discussione e confronto. Fra i gruppi locali nati da quell'esperienza e rimasti attivi c'è il "Collettivo femminista Sommosse Perugia" che si presenta come «una storia di R-esistenze individuali e condivise alla violenza sistemica, verso la liberazione dei corpi e del desiderio» e che nel tempo ha realizzato anche Tana liberetutte, progetto di ricerca/azione che ha coinvolto donne e ragazze di Perugia sui temi della "sicurezza" e "benessere" da un punto di vista di genere.[109]

Le Sommosse, si sa, non chiedono il permesso per esplodere, chissà che la prossima sollevazione femminista non riesca ad avere modalità meno litigiose e a trasformare il conflitto in una ribellione permanente e più inclusiva possibile.

---

109   Vedi http://liberetutte.noblogs.org/about/.

Capitolo 10
2008
Forse sei una Lady e ancora non lo sai

«L'auto-ironia è un metodo di lavoro che
mi permette di trasmettere più facilmente
un potenziale di sovversione e decostruzione».
Birgit Jürgenssen[110]

«La mia tesi è che le femministe siano state
per anni anarchiche inconsce sia nella teoria sia nella pratica».
Peggy Kornegger[111]

Contente che sia finita, perché è finita bene. Forse qualcuna avrebbe anche proseguito il percorso intrapreso insieme, però nel sentirle raccontare la loro esperienza non si respirano rancori o eccessivi dolori per una storia che si è conclusa dopo pochi anni.

Hanno vinto la leggerezza nella militanza, la serenità di nominare l'assenza di un progetto in comune, la stanchezza che la politica comporta e la voglia di cambiare pagina.

Soprattutto sono state brave a non arrivare, come a volte capita nelle relazioni, ad un eccessivo logoramento. A vederle assieme, sorseggiando un aperitivo, si ha la sensazione che tutte abbiano fatto tesoro di questa insolita avventura.

Sono le Lady, gruppo nato nel 2008, un viavai di circa quindici donne che ha dato vita alla prima Ladyfest a Roma[112], a maggio

---

110   Birgit Jürgenssen (1949-2003), artista austriaca.

111   Peggy Kornegger, scrittrice anarchica, femminista e lesbica.

112   Altre Ladyfest in Italia sono state organizzate a Torino nel 2007 e a Pavia nel 2008.

del 2009, fra l'isola pedonale e la libreria Tuba[113] al Pigneto e poi nei centri sociali del Forte Prenestino, Strike e La Torre: un festival itinerante di teatro, cinema, arte, musica, workshop e incontri con centoundici donne che hanno realizzato eventi e migliaia di partecipanti.

A livello internazionale, la prima edizione della Ladyfest risale al 2000 a Olympia negli Stati uniti, quando oltre duemila persone prendono parte ad incontri, concerti e performance ispirati dalla musica delle *Riot girl*, band femminili di musica punk-rock e hardcore, che negli anni Novanta si dichiarano femministe e nei loro testi parlano di violenza domestica, sessualità, sessismo, maschilismo e potere.

Le Ladyfest hanno avuto in comune negli anni la promozione dell'arte indipendente, la realizzazione di workshop e laboratori, aperti a maschi e femmine, sul corpo e la sessualità, sulla decostruzione di stereotipi sociali e pregiudizi culturali sull'immagine femminile. Ma anche l'occupazione di spazi pubblici a partire da un punto di vista femminista, antirazzista, transgender e queer.

Ovunque nel mondo ogni festival è stato interamente autofinanziato e autoprodotto, con una nota di capricciosa mutevolezza a fare da sfondo, perché niente è dato per scontato e per definitivo. Non a caso, il documento delle Lady romane si intitola *La Lady è volubile. Forse sei una Lady e ancora non lo sai* e recita:

Le Lady hanno scelto il termine Lady perché il termine donna non basta più. Le Lady non polemizzano, fanno: usano la creatività non soltanto come strumento di autocelebrazione o commercio, ma come arma sottile per scardinare nel profondo strutture e modelli sociali avariati.
Le Lady non bruciano più i reggiseni da un pezzo, visto quello che costano, ma usano merletti, boxer, baffi e mini come oggetti performativi e strumenti di azione politica.

---

113   La libreria Tuba è un bar, un bazar erotico e una libreria delle donne, cfr. http://www.cybertuba.org.

111

Le Lady rifiutano le mancate prese di posizione, in un momento in cui essere neutre equivale ad essere complici di giochi di potere legittimati ogni giorno dall'incessante terrorismo mediatico.

Le Lady prediligono le relazioni orizzontali alle strutture verticali e rifiutano il concetto di leadership, espressione di una cultura machista e autoritaria, che rimbalza fuori dalle loro vite al suono di grasse risate.

Le Lady non credono che la biologia sia destino, né tanto meno il genere. Intendono sesso e genere come categorie utilizzate troppo spesso per fini restrittivi e violenti. Le loro vite e i loro corpi sono eccedenti/eccentrici rispetto a quei modelli così come le loro sessualità e la loro dirompente curiosità. Non si riconoscono nella distinzione maschio/femmina né pensano che la femminilità sia "quel qualcosa di speciale" che le contraddistingue. Rifiutano questo terreno fertile di stereotipi e costrizioni e qualsiasi forma di discriminazione e violenza basata sulla razza, sul genere e sulle scelte sessuali.

Le Lady sono attratte dai cambiamenti e spesso assumono nuove forme, perché avere una sola identità le fa sentire strette e asciutte.

Le Lady pensano che la trasformazione dell'esistente passi attraverso quella delle idee e dei linguaggi, e che la trasformazione di questi avvenga attraverso lo scambio e la comunicazione. Per questo si muovono tanto negli spazi indipendenti ed autogestiti quanto in ogni luogo che contenga in sé un germe di possibile apertura, utilizzando il contenitore aperto Ladyfest per scambiare contenuti e nuove idee.

Le Lady non amano il tiepido. Provengono ognuna da mondi diversi ma hanno dentro tutte lo stesso fuoco: i loro mantra sono autodeterminazione, desiderio e sperimentazione.

È un manifesto che non lascia spazio a dubbi: sono femministe. Ma anziché teorizzare, fanno.

Il loro stile ha colpito nel segno: nel settembre 2011 circa settemila persone, arrivate da tutta Europa, si sono ritrovate per quattro giorni in un unico spazio, quello de La Torre, in un quartiere popolare e periferico a nord-est della capitale.

«Abbiamo raccolto i frutti della sedimentazione di un percorso politico che andava avanti da tre anni senza megalomanie, mettendoci in rete con tutte, seminando e facendo crescere relazioni, curiosità, accreditamento e, perché no, potenza, nel senso di poter fare e poter essere quello che si desidera» spiegano Brina e Luciana «e questo ha permesso la partecipazione anche di donne di contesti molto diversi dal nostro, come, ad esempio, alcune donne della Casa internazionale delle donne che sono venute e sono state contente».

Una delle parole chiave della Ladyfest romana è "attraversamento", in termini sia di passaggio di persone diverse, sia come progetto politico che ha tenuto insieme differenti competenze e in cui ognuna si è attivata mettendo in circolo le proprie relazioni. È stata questa modalità di cerchi concentrici a permettere il coinvolgimento di tante persone sia nella ideazione che nella realizzazione del festival. Ma anche attraversamento nel senso di andare oltre storie passate e finite: alcune Lady romane sono arrivate da altri collettivi o reti di donne e, forti anche degli errori fatti, si sono messe in gioco con un approccio differente.

Ad esempio, non occupandosi tutte di tutto, dividendosi compiti con fiducia e riconoscimento reciproco, inseguendo il più possibile una modalità orizzontale che, ammettono, è una pratica debole, è una tensione che non si realizza mai completamente, e prima di tutto dovrebbe essere la possibilità di creare una situazione di agio e comodità, per cui chiunque si avvicina sente di poter parlare e di poter abitare lo spazio collettivo.

Spiegano le Lady:

> È stata un'attenzione ondivaga, non sempre si riesce a tener fede all'orizzontalità.
>
> Di sicuro non siamo cadute nel meccanismo identitario, per il quale c'è qualcuno/a che viene identificato/a più degli altri come facente parte del gruppo, come leader: questo nella Ladyfest romana non si è mai verificato. Non c'è mai stata la sovraesposizione di qualcuna di noi. C'erano ruoli scelti in base alle proprie passioni e capacità. Del resto la leadership è data dall'accentramento delle

informazioni, mentre ognuna di noi aveva il suo pezzo e avevamo degli obiettivi pragmatici a cui rispondere. Non c'era solo teoria e non abbiamo rimosso i conflitti, né li abbiamo lasciati nel corridoio o nel gossip: li abbiamo portati dentro il gruppo e lì sono stati sciolti. Avevamo una diffusa consapevolezza delle dinamiche politiche fra donne e non abbiamo inseguito una presa di parola comune, ognuna di noi ha parlato per la parte che la riguardava e nel modo che riteneva più opportuno.

Non ha dubbi Luciana: «Ad aiutarci è stata anche una discreta dose di anarchia, siamo state un gruppo di anarchiche indisciplinate perché eravamo un gruppo di personalità forti e molto diverse l'una dall'altra, nessuna avrebbe subìto la leadership di una altra».
Tutte concordano che l'obiettivo comune è stato quello di proteggere la Ladyfest, lavorando in maniera separatista per accogliere tutti: «Eravamo solo donne nel gruppo però volevamo gestire uno spazio pubblico, quindi uno spazio di tutt@, dettando noi delle regole» ossia dicendo in maniera chiara come si sta ad una Ladyfest.
Nella presentazione del festival si legge:

> Siamo tutt@ responsabili nei confronti di tutt@. La Ladyfest è uno spazio pubblico liberato in cui ci aspettiamo collaborazione e consapevolezza diffuse che facciano sentire ciascun@ liber@ di essere se stess@ e autodeterminarsi. Uno spazio pubblico liberato è uno spazio che esprime socialità, relazioni e progetti fuori da logiche repressive che stigmatizzano soggetti e comportamenti. Mettiamoci in gioco autoresponsabilizzandoci: evitiamo gli atteggiamenti sessisti e machisti che possono essere fonte di disagio per le/gli altr@ partecipanti. Costruiamo uno spazio che lasci fuori la paura, l'intolleranza, il razzismo e che valorizzi le diversità. Stare bene alla Ladyfest, dipende anche da te[114].

---

114   Vedi http://ladyfest-roma.noblogs.org/.

Il messaggio è arrivato chiaro e preciso se, in una delle serate del festival, nel corso di una performance alcune ragazze hanno ballato nude sotto il palco senza che nessuno le sfiorasse.

«Vuol dire che siamo riuscite a cambiare i meccanismi di potere» dice Aida, e prosegue:

> Sono stati giorni in cui le pratiche, le parole, i contenuti, il complessivo clima che si è respirato: tutte questo assieme è stato realmente rivoluzionario. Abbiamo organizzato un festival queer e femminista senza veli, dichiarandolo in maniera esplicita, abbiamo proposto i nostri contenuti senza dover incasellare le nostre storie di donne diverse, provenienti da esperienze diverse. Per questo non abbiamo scritto cos'è una Lady, ma cosa non è. Abbiamo usato le parole come strumenti, non come idoli.

Le Lady romane si sono sottratte alla logica dell'istituzionalizzazione che ha riguardato diversi movimenti, hanno saputo dire di no ad alcune richieste che sono arrivate loro all'apice del successo e visibilità. Racconta Lilith:

> C'è stato un momento dopo la prima Ladyfest, il cui ricavato è andato per il finanziamento di uno sportello antiviolenza all'Aquila, appena colpita dal terremoto, in cui chiunque organizzava un evento voleva anche il logo Ladyfest, senza alcuna elaborazione di contenuti. Ci hanno anche proposto una serata fissa al mese di tipo musicale. Quel passaggio ha significato un periodo di grande discussione al nostro interno: senza impedire a nessuna di fare ciò che volesse, e se anche solo in tre volevano organizzare qualcosa erano libere di farlo. Ma eravamo tutte d'accordo su una cosa: non cadere nel protagonismo sterile.

Fra una Ladyfest romana e l'altra, nel 2010 c'è stata anche una parentesi all'Aquila, un anno dopo il terremoto. Il gruppo romano insieme al comitato locale 3e32[115] ha realizzato tre giorni di festival alle "CaseMatte" all'interno dell'ex ospedale psichiatrico di Collemaggio dell'Aquila.

In quell'occasione, nel 32° anniversario della legge Basaglia[116], il tema è stato: "La libertà è rivoluzionaria". Si è voluto intrecciare così due storiche frasi scritte sul muro del primo manicomio aperto nel 1978 a Trieste: "la libertà è terapeutica" e "la verità è rivoluzionaria". Al ritorno dall'Aquila, città ferita, le Lady romane scrivono: «Non ci aspettavamo miracoli, ma fa comunque male. Vedere come la zona rossa sia praticamente identica al 6 aprile 2009. I tempi di ricostruzione pare siano più veloci in Indonesia che qui, nel capoluogo abruzzese»[117]. Eppure anche lì la partecipazione all'iniziativa è significativa, arrivano centinaia di persone disposte a mettersi in gioco con le proposte delle promotrici del festival.

Poco più di tre anni e il percorso del gruppo romano si esaurisce, dopo l'edizione 2011 c'è un momento di pausa che si prolunga:

> Volevamo cambiare radicalmente progetto ma non abbiamo trovato un'intesa comune. Chi voleva ripetere un copione che aveva funzionato bene, chi voleva prendere una zattera e fare la Ladyfest sul Danubio, chi era stanca e con poche energie. Abbiamo avuto l'intelligenza di dircelo. Presuntuose? Forse, eppure è indubbio che nonostante la nostra uscita di scena e dopo che noi ci siamo disper-

---

115   Il comitato 3e32 (il nome fa riferimento all'ora del terremoto) si è formato pochi giorni dopo il sisma che il 6 aprile ha colpito L'Aquila e il suo territorio. Sul sito si legge: «La scritta "Yes we camp" sulla collina di Roio durante il G8, la rivolta delle carriole, e le grandi manifestazioni del 16 giugno 2010 a L'Aquila, del 7 Luglio 2010 a Roma e del 20 novembre 2010 a L'Aquila sono solo alcune delle attività a cui abbiamo lavorato da protagonisti per ottenere il 100 per cento di ricostruzione, di informazione e partecipazione. In poche parole ciò che ci viene negato e che invece ci spetta di diritto». Cfr. http://www.3e32.org/.

116   La legge Basaglia, legge 180/78, ha permesso di chiudere i manicomi in Italia. Deve il nome a Franco Basaglia (1924-1980), psichiatra e neurologo italiano, riformatore della concezione della salute mentale e delle pratiche di cura per chi soffre di disturbi psichici e psichiatrici.

117   Vedi http://ladyfest-roma.noblogs.org/.

se, la Ladyfest ha continuato a vivere per un anno e mezzo almeno. Del resto la rete è così, si allenta, si riavvicina, si moltiplica, si producono energie e relazioni che poi vanno avanti anche da sole. Nel 2012 abbiamo pensato a una festa "zombie", nello stile "il ritorno dei morti viventi", per dire in realtà che non eravamo morte, ma poi nessuna ci si è messa a lavorare ed è finita, semplicemente, così. Il nostro desiderio è che lo facciano altre, la Ladyfest è un format riproducibile e sarebbe bello che lo realizzassero altre donne.

Del resto, fra gli slogan delle Ladyfest c'è l'acronimo Diy (Do It Yourself) ossia "fai da te" e libera la tua creatività: lo scopo era fare la Ladyfest? «Sì e ci siamo riuscite, divertendoci e divertendo, con passione e scambio di saperi», soprattutto in un tempo in cui, come suggerisce Aida, anche "la politica è diventata a progetto".
Una provocazione da Lady?
No, più realisticamente una delle istantanee più nitide dei femminismi dei giorni nostri.

Capitolo 11
2009
Le giacche lilla non hanno confini

«Fare della casa quello spazio
dove tornare a rinnovarci
e a curare noi stessi, dove guarire
dalle nostre ferite e diventare interi».
bell hooks[118]

A cinquanta chilometri da Milano e a venticinque da Bergamo c'è Romano di Lombardia, meno di ventimila abitanti, un pezzo di periferia della pianura padana. Qui vivono le Sconfinate, in questa provincia lombarda sempre più soffocante dove

> dietro il benessere, del quale si incominciano a vedere le crepe, avanzano gli stereotipi sessisti, praticati dalle parrocchie e da molte amministrazioni locali, – racconta Rosangela Pesenti[119] – e cresce il razzismo, praticato dalla Lega ancora al governo della regione, in un clima rabbioso di piccole e grandi violenze quotidiane di cui le donne sono il principale bersaglio, perfino quando non se ne rendono conto.

Rosangela c'è nata e cresciuta in questo borgo della pianura bergamasca, ha sessant'anni ma ne dimostra almeno dieci di meno. Potrebbe essere "etichettata" come femminista storica ma lei sfugge

---

118   bell hooks è lo pseudonimo di Gloria Jean Watkins, insegnante universitaria, femminista, scrittrice statunitense: "bell" come la madre, Rosa Bell Watkins; "hooks" come la nonna materna, Bell Blair Hooks. Minuscole in entrambi i casi, le iniziali. Cfr. bell hooks, *Elogio del Margine*, Feltrinelli, Milano 1998.

119   Vedi nota 32 cap. 1.

alle classificazioni, perché se è vero che viene da quella storia lì, è alle nuove generazioni che ha sempre guardato e con le quali riesce a dialogare senza nessun atteggiamento di *maternage* o lo *snobismo di chi ha fatto la Storia* che, senza offesa per nessuna, appartiene ad alcune donne della sua generazione.

Dopo una gestazione fatta di conoscenze e vicinanze politiche e dopo una prima iniziativa pubblica del 25 novembre 2009, in cui si è ragionato di violenza nelle sue varie forme, Rosangela ha contribuito a creare il gruppo Sconfinate, un aggettivo e un imperativo insieme, composto da donne di diverse età e anche qualche uomo. All'inizio partecipava anche una donna di origine marocchina che attualmente è in un luogo segreto con i figli perché minacciata dal marito.

Il nome è stato scelto

> per ricordare che i confini, reali e simbolici, sono fatti per essere attraversati liberamente, per ricordare le molte barriere costruite intorno alle vite delle donne, confinate nelle case, nei lavori non pagati, nella schiavitù dei bordelli e degli stereotipi. Per imparare insieme ad amare le persone senza rinchiuderle nei ruoli, ad amare le case senza esserne prigioniere, ad amare la terra che abitiamo senza diventare le vestali di nessuna patria[120].

Continua Rosangela:

> Il femminismo è la nostra cultura di riferimento e rappresenta una costante occasione e opportunità di confronto e approfondimento. Non abbiamo una sede per cui ci vediamo nelle nostre case e non abbiamo dato scadenze fisse d'incontro, ci autoconvochiamo fra desiderio e impegno e si discute spesso tra risate e stanchezze. Siamo tutte e tutti consapevoli che è il desiderio a sostenere un grup-

---

120   Vedi http://sconfinate.blogsport.it/.

po: desiderio di essere ed esserci, di conoscere altre/altri, di capire il mondo e se stesse/i; desiderio che ha i suoi alti e bassi, cambia direzione e percorsi disegnando storie mai prevedibili all'inizio.

Oltre a questi momenti di riflessione e scambio, la nostra esperienza ha delle tappe segnate dagli appuntamenti pubblici che sono sempre occasioni conviviali. In ogni incontro, aperto a tutta la cittadinanza, cerchiamo di sederci in forma circolare, condividiamo merende o aperitivi perché vogliamo trasmettere la pratica gioiosa come forma della politica e l'apertura è sempre a cura di tutto il gruppo: ognuna legge una parola o una frase di un testo scritto insieme, che esprime il percorso preparatorio. Abbiamo un buon seguito, sono presenti dalle quaranta alle settanta persone, la maggior parte trenta-quarantenni, come l'età del gruppo base delle Sconfinate.

Nel 2011 il gruppo organizza anche la prima "Scuola politica Giacche Lilla" il cui manifesto insiste sul piacere di fare politica per convivere fra diverse/i:

SCUOLA nel senso originario greco di *skholé*, che significa tempo libero e per noi quindi tempo liberato dal lavoro, dai doveri, dal casalingato, dalle preoccupazioni, dall'obbligo di divertirsi, dalla coazione al consumo, dall'aspirazione al successo, dalla competizione, dalla dipendenza, dai sensi di colpa, dai ricatti affettivi. Tempo liberato per il piacere di stare insieme, per scoprire, imparare, scambiare, saperi ed esperienze, per inventare occasioni e incontri, per ascoltare e parlare, per condividere emozioni, silenzi, storie, per costruire luoghi solidali e culture di pace, per conoscere, pensare, trasmettere, agire le culture cancellate delle donne a cominciare dalla memoria della tante esistenze individuali dentro le storie collettive e come genere nella specie umana.

Scuola per donne e uomini che sanno riconoscere e riconoscersi.

POLITICA perché "la politica tratta della convivenza e comunanza dei diversi", come scrive Hannah Arendt, ed è lo spazio nel quale ogni essere, in quanto umano, può discutere e condividere scelte in merito a ciò che ritiene bene per sé, commisurandolo al bene di tutte e tutti. Disprezza la politica solo chi pratica la sopraffazione attraverso la violenza, la menzogna e la manipolazione. Senza la consapevolezza politica oggi le relazioni tra gli esseri umani regrediscono alla relazione tra potenti e servi/e, capi e subordinati/e, proprietari e schiavi/e. Quando il terreno della politica è devastato dalla corruzione e dalla sopraffazione, le donne vengono rinchiuse nel logica del privato, cancellate dalla storia, asservite nel lavoro e ridotte a stereotipo nella conoscenza.

Politica per smascherare le strutture del dominio che occupano la società e si annidano dentro di noi rendendoci complici.

Politica come cura di noi stesse/i, delle relazioni che intrecciamo quotidianamente e del territorio che abitiamo, quello piccolo che calpestano i nostri piedi e quello grande, fatto del cibo di cui ci nutriamo e dell'aria che respiriamo.

GIACCHE LILLA per ricordare quella che Rosa Luxemburg[121] ha chiesto ai suoi amici di acquistare mentre era in carcere. Non una nota frivola, ma la capacità di vivere con leggerezza anche i giorni più difficili, praticando la resistenza alla brutalità del mondo e all'ipocrisia dei benpensanti, anche attraverso la cura di sé, del proprio abito e abitare, come sempre sanno fare le donne in mezzo ad ogni catastrofe, guerra e degrado.

Una giacca lilla per non seguire gli imperativi della moda, ma l'espressione della propria armonia e bellezza e per noi il fiorire e sfiorire del corpo, che accompagni la liberazione dei pensieri e un cammino di speranza, nel degrado delle relazioni umane e nella meschinità del vivere in cui siamo immerse/i.

È molto efficace la comunicazione delle Sconfinate, limpida e puntuale per evitare che ci siano fraintendimenti sul loro posizionamento politico, ma senza chiusure identitarie o dogmatiche.

La scuola non è separatista ed è aperta a tutte le età.

---

121   Rosa Luxemburg, politica, filosofa, pacifista e rivoluzionaria tedesca. Fu tra le fondatrici del Partito comunista tedesco, venne rapita e assassinata dalle milizie del Freikorps nel 1919.

Non a caso una delle loro ospiti più frequenti è Lidia Menapace, che dall'alto dei suoi novant'anni continua a girare l'Italia in treno come una trottola e spesso ripete:

> Molto mi ha giovato la lettura dei testi che le donne vengono scrivendo e pubblicando, ma più ancora – sto per dire – il poterle incontrare, il parlarsi di persona, vedere volti e gesti, inflessioni di voce e timbro di sorriso, sentire quanta parte della ricerca è andata persa per circostanze varie, quali orizzonti apre, quali motivazioni ha avuto[122].

Le molte iniziative attuate in tre anni dalle Sconfinate nel loro territorio sono la prova di questo passaggio di testimone, anche loro convinte dell'importanza della parola in presenza e cercando il maggior coinvolgimento possibile su tematiche varie: dalla famiglia (Di che famiglia sei? Con Arcilesbica-Bergamo) alla prostituzione (Donne in vendita con Carla Corso, Pia Covre, Edo Fachinetti), passando per la realizzazione di una mostra itinerante dal titolo "Domande Sconfinate".

Il loro continuo dialogo fra generazioni sembra recare in sé l'eco di un incontro nazionale promosso nel maggio 2002 a Milano dal titolo "Sconvegno: quali soggettività femministe oggi"[123]. Metting organizzato da un gruppo di giovani donne che avevano raccolto il suggerimento di un'altra femminista storica, Lea Melandri[124], di

---

122   Lidia Menapace, partigiana senza armi per scelta, di origine cattolica, parlamentare e saggista. É considerata fra le voci più autorevoli del femminismo italiano del Novecento. Cfr. voce dell'*Enciclopedia delle donne* su http://www.enciclopediadelledonne.it/index.php?azione=pagina&id=1013.

123   Cfr. Aa.Vv., *Generazioni di donne a Sconvegno*, Pedagogika. I quaderni, Stripes edizioni, Rho 2003. Dopo l'incontro nazionale milanese, Sconvegno è diventato il nome del gruppo di una parte delle donne milanesi promotrici dell'incontro.

124   Lea Melandri, giornalista e saggista, fra l'altro ha scritto: *Una visceralità indicibile. La pratica dell'inconscio nel movimento delle donne degli anni Settanta*, Franco Angeli, Milano 2000 e *Amore e violenza. Il fattore molesto della civiltà*, Bollati Boringhieri, Torino 2011.

incontrarsi fra generazioni diverse e mettere a fuoco la necessità e i motivi del dirsi femministe nel presente.

La riflessione sul passaggio dei saperi e sull'eredità del femminismo storico, intrecciata alla questione generazionale, torna ciclicamente nel dibattito femminista e nei luoghi di incontro delle donne: in alcuni casi riescono confronti fecondi, in altri la spaccatura si sente soprattutto in termini di potere e autorevolezza, di reale riconoscimento reciproco e di capacità di leggere le grandi trasformazioni innescate dalla globalizzazione e dalle politiche neoliberiste.

La nostra epoca è andata oltre il femminismo diffuso[125] della fine degli anni Settanta-inizio anni Ottanta e in molte, soprattutto le giovanissime, non ritengono importante quell'eredità, scappano di fronte alla parola femminismo o al massimo la considerano vintage al pari di un oggetto.

È difficile, far capire, anche ad alcune femministe storiche, che nominare "femminismi" al plurale non è una svista o un vezzo, ma l'affermazione della reale presenza di più voci che cercano spazi di riconoscimento fuori dal femminismo accademico degli anni Ottanta/Novanta.

Una delle blogger femministe più attive in rete, Eretica[126], fondatrice con altre nel 2006 anche del network Femminismo a Sud[127], scrive a riguardo:

> Noi siamo figlie della lotta di piazza e non del femminismo da salotto. Perché c'è almeno un decennio (in Italia), se non di più, di lotte in piazza delle donne che altre donne si sono perse. Quando

---

125   Cfr. A.R. Calabrò, L. Grasso, *Dal movimento femminista al femminismo diffuso. Storie e percorsi a Milano dagli anni '60 agli anni '80*, Franco Angeli, Milano 2004.

126   Scrive: «Eretica. Mi occupo di comunicazione e mi dedico da sempre alla scrittura. Ho dedicato tanti anni all'informazione indipendente e al mediattivismo. Una volta fui Fikasicula. Da allora ho dato vita a molti progetti e a molte iniziative virtuali/reali delle quali vorrei qui conservare memoria». Vedi online su http://eretica.noblogs.org.

127   La comunità virtuale Femminismo a Sud si presenta così: «Questo è un blog collettivo antisessista, antifascista, antirazzista, antispecista e non addomesticabile».

le accademiche scrivevano papiri per spiegarci come fare a stare al mondo noi eravamo in piazza a prendere le botte della polizia, a combattere contro un modello economico che sapevamo già ci avrebbe sconfitti/e tutti/e. Al nostro fianco c'erano compagne, compagni, un altro mondo possibile fatto di persone che pronunciavano la propria lotta riportando il punto su una questione da troppo tempo dimenticata: la lotta di classe. Dopodiché arrivò la restaurazione e un certo "femminismo", dopo aver detto che eravamo *gggiovani* e "violente" (ricordate la manifestazione del 2007[128] e i commenti delle femministe storiche del giorno dopo?), decise che quelle erano cose da grandi. Sicché dopo che per un ventennio, almeno in Italia, non s'erano proprio viste se non per fare tour di colonizzazione di saperi (oh come erano belle le donne del Pci che venivano a spiegare a noi siciliane come si fa femminismo borghese, mentre noi avevamo a che fare con la fogna a cielo aperto, la mancanza d'acqua nelle case e la mafia che sparava per le strade…) ringalluzzirono per anestetizzare, normalizzare e riprendersi la scena[129].

Eretica ha un tono spesso provocatorio e insolente, è molto conosciuta fra i naviganti della rete e scrive da un'altra periferia, molto più a sud di Romano di Lombardia, e probabilmente non conosce le Sconfinate.
Eppure hanno in comune il voler disertare le fila di un sistema che non è a loro misura, cercando nella parola e nella scrittura il modo per dire come e perché sono femministe, ancora oggi.

---

128   Cfr. cap. 9 sulla rete Sommosse.
129   Vedi http://abbattoimuri.wordpress.com.

Capitolo 12
2009
Cara Veronica, care tutte... vi scrivo

«Dunque i corpi non nascono; si fanno.
Sono costrutti che possono cambiare il mondo».
Donna j. Haraway[130]

Ella de Riva è uno pseudonimo, poco importa se di una singola o di un soggetto collettivo, per giocare in/con l'anonimato. Non è un segreto, ma un piccolo mistero per potermi muovere con leggerezza. Per avere un fugace ed irresistibile momento di femminismo[131].

Ella de Riva è soprattutto una meteora nel panorama femminista italiano, la sua uscita pubblica risale al 25 aprile 2009 con la sua prima postElla, piccola immagine con scritta, diffusa viralmente nella rete[132].
Per la festa della Liberazione afferma: «A corpo libero dallo Stato/e dai peli superflui».
Una presa di posizione decisamente fuori dalla retorica delle manifestazioni per il 25 aprile, uno slogan ironico, spiazzante, che crea curiosità per le/i non addette/i ai lavori. Significa che Ella non vuole festeggiare la liberazione del nostro paese dal nazifascismo?

---

130   Donna Haraway, filosofa della scienza, femminista, studiosa del teoria del cyborg sul rapporto tra scienza e identità di genere.

131   È la scritta che compare sulla home del blog: http://elladeriva.tumblr.com/.

132   Le postElle sono immagini con scritte o semplici scritte che Ella de Riva invia per email.

O piuttosto è un modo per affermare la liberazione da uno Stato sessista e l'autodeterminazione delle donne in uno Stato che è sempre più loro nemico?

Il femminismo di Ella non è istituzionale e gioca sugli stereotipi dei nuovi&vecchi femminismi, sulle immagini che vogliono le donne impegnate in politica tutte baffi&peli.

A cadenza regolare, Ella "spamma" questi suoi pensieri sul mondo, li spedisce nelle caselle di posta di donne diverse: giornaliste, attiviste, sindacaliste, precarie.

A volte si rimane un po' di stucco, c'è chi raccoglie spunti, chi vorrebbe sapere chi c'è dietro, chi non riconosce autorevolezza ad una presenza senza volto, o almeno non immediatamente riconoscibile, chi invece la inviterà anche a partecipare ad un incontro e, come vedremo più avanti, rispetterà la sua scelta politica dell'anonimato.

A ottobre 2009, dopo qualche mese dall'uscita pubblica dell'ex moglie di Berlusconi,[133] Ella scrive e diffonde una lettera, indirizzata fra l'altro anche a Veronica Lario. Sono i mesi in cui ovunque si parla dei festini ad Arcore e Palazzo Grazioli, i giornali trasudano dichiarazioni di D'Addario e di altre donne coinvolte anche nelle indagini della magistratura e i commenti da bar sono inevitabilmente maschilisti e qualunquisti.

Tutta colpa delle donne che vanno con i potenti, si sente dire sugli autobus, e in pochi danno reale rilievo alle parole di Lario che, senza usare mezzi termini, denuncia la "malattia" dell'allora ex marito e chiede che venga aiutato.

Ecco cosa scrive Ella:

---

133   Veronia Lario in una lettera pubblicata da «la Repubblica» scrisse del suo ex marito: «Quell'uomo è malato, va curato».

Cara Veronica, cara Noemi, cara Patrizia, care donne in "grandi quantitativi"[134], grazie per aver condiviso con il mondo intero la vostra esperienza!

La storia che vi vede protagoniste in questi giorni, infatti, è per tanti versi paradigmatica del rapporto tra i sessi che ognuna di noi quotidianamente vive.

Grazie a voi, mai come ora lo spazio pubblico è invaso dalle dinamiche delle relazioni tra i sessi. Relazioni considerate, a torto, non politiche perché confinate nel privato, da sempre trascurato e vissuto erroneamente in contrapposizione con il pubblico.

Anche se il contesto per il quale siete venute all'onore della cronaca è incommensurabile con la nostra quotidianità – per il potere delle persone coinvolte, per il lusso e per lo sfarzo delle dimore – la vostra vicenda parla a tutte noi, riguardando il rapporto con noi stesse, con le altre donne e con gli uomini.

Come Veronica viene criminalizzata e linciata pubblicamente per aver chiesto il divorzio, sempre più donne vengono aggredite, isolate e talvolta ammazzate solo perché ricercano la propria libertà, autonomia e felicità.

Come Noemi vive la fragile illusione di aver trovato il suo pigmalione, molte donne cercano nell'approvazione e nella protezione maschile una realizzazione esistenziale e professionale, ipotecando così la propria autodeterminazione.

Come Patrizia si sente usata nella sua tradita complicità con il potere, ci sentiamo tutte usate nel dover sempre offrire qualcosa che non è mai abbastanza.

Dirò di più, considero addirittura sovversivo il vostro desiderio di essere esplicitamente ricompensate per aver ricoperto il ruolo di colei che accompagna, intrattiene e soddisfa i desideri e i voleri maschili come moglie, pupilla e amante, attività lavorative mai riconosciute come tali. Sovversivo

---

134   Ella fa riferimento all'affermazione di Niccolò Ghedini, avvocato di Berlusconi, che in merito allo scandalo Ruby disse che il premier non aveva bisogno di pagare delle donne perché «potrebbe averne grandi quantitativi gratis». Cfr. http://www.ilsole24ore.com/art/SoleOnLine4/Italia/2009/06/pillola-politica-berlusconi-donne-utilizzatore-finale.shtml?uuid=440b4144-5c21-11de-be87-6caca1264ef2).

perché implica la consapevolezza della posizione e della condizione che tutte le donne vivono nelle dinamiche tra sessi.

Diversamente da voi, però, sono convinta che le donne possano sovvertire questi rapporti di forza sin dalla base, e non solamente accettarli o denunciarli quando le cose non vanno per il verso desiderato.

Che ognuna si ribelli a modo suo, moglie o velina che sia!

Non è una posizione comune quella espressa da Ella de Riva: in un periodo di perbenismo e ipocrisia imperante a suggello delle vicende di molti politici italiani, Ella non giudica le veline o le escort, ma punta il dito sul rapporto di potere fra i sessi che riguarda tutte le donne. Negli stessi giorni in cui viene pubblicata questa lettera, un gruppo di femministe che hanno vissuto gli anni Settanta[135] propone sugli stessi temi un incontro pubblico, aperto a donne e uomini, alla Casa internazionale delle donne di Roma con un documento dal titolo *Sesso e politica nel post-patriarcato*.

Le promotrici affermano che

ci troviamo di fronte a una sessualità e a un potere maschili che si esercitano su donne ridotte a corpi rifatti, per essere oggetti compiacenti di consumo. Nell'harem, a pagamento o meno, di Berlusconi la virilità è messa in scena come protesi del mito del capo. E le donne sono disponibili, perché subalterne a quella messa in scena. O al più interessate a uno scambio. Siamo all'eterno ritorno dei ruoli tradizionali? L'uomo al centro, da vero protagonista, le donne intorno, interscambiabili, accomunate e confuse in una stessa immagine? Noi pensiamo di no. La vicenda sessuale e politica del premier e della sua corte ci parla, al contrario, del dopo-patriarcato: intendendo con questo termine non la risoluzione, ma una nuova configurazione del conflitto fra i sessi. La sessualità maschile è, in tutta evidenza, in crisi. [...] Quanto a noi donne, siamo davvero

---

135   Sono: Maria Luisa Boccia, Ida Dominijanni, Tamar Pitch, Bianca Pomeranzi, Grazia Zuffa.

tutte accomunate in quell'immagine del corpo femminile plastificato, privo di cervello e oggetto del godimento maschile? O c'è uno scarto tra la fiction del femminile allestita dal regime televisivo e politico berlusconiano e la realtà delle vite e dei desideri delle donne? Certamente, quella fiction produce effetti di realtà e ha un forte potere di colonizzazione dell'immaginario e delle aspirazioni femminili. Tuttavia noi crediamo che fra quella fiction e la realtà uno scarto resti, e che proprio questo scarto abbia reso possibili le parole e i gesti di libertà di alcune donne coinvolte nella vicenda, prima tra tutte Veronica Lario, e di quante fra noi hanno dato a quelle parole e a quei gesti rilevanza politica. Si può dunque, e come, lavorare sullo scarto tra fiction e realtà? Spetta a noi leggere la condizione femminile inforcando le lenti giuste per riconoscere tracce di libertà e forme di resistenza e dissociazione che si sviluppano anche laddove la politica e l'informazione non le vedono. In donne differenti tra loro, e anche in quelle in tutto dissimili dalle femministe di ieri e di oggi.

È un documento lungo, argomentato, che punta il dito sulla divisione, moralista e faziosa, del pubblico dal privato, considerato sacro e non intrecciato con il resto, chiama in causa i partiti della sinistra e la loro connivenza con una politica corrotta e potente.
Il testo scritto e discusso in assemblea, anche in risposta al presunto "silenzio delle donne"[136] sbandierato dai media, non trova però tutte d'accordo, sia per la definizione e assunzione del "post- patriarcato", ma anche per quello che viene considerato, soprattutto dai femminismi post-Duemila, il limite messo in luce da Chiara Bonfiglioli quando scrive:

---

[136] Molte femministe rilevano, giustamente, che non è vero che le donne sono silenti, magari per via di una presupposta passività femminile o del loro sottrarsi dalla scena pubblica. Al contrario, viene denunciato che il pensiero e le pratiche delle donne sono spesso censurate dai media mainstream e dalle istituzioni politiche, comprese quelle "progressiste" con i loro organi d'informazione.

Durante il dibattito pubblico su *Sesso e politica nel post-patriarcato*, la rivendicazione della "vittoria" del femminismo italiano, e di un inesauribile radicalismo femminista che deriva dalle teorizzazioni degli anni Settanta, è rimasta piuttosto auto-referenziale e indiscussa. Gli interventi – che non sono andati al di là di una cornice astratta, psicoanalitica e nel complesso culturalista – hanno riproposto "le donne" e "gli uomini" come categorie universali, piuttosto che come soggetti sociali, razzializzati e genderizzati[137].

La critica mossa dalla ricercatrice è la stessa che serpeggia durante il dibattito negli ultimi banchi e nei corridoi fra le più giovani attente all'intreccio fra sessismo, razzismo e identità di genere: non si può riflettere sui rapporti di potere – sostengono – senza tenere conto della classe e dello *status* sociale di appartenenza o delle costruzioni sociali che riguardano anche il genere, quel dato culturale che crea l'identità femminile/maschile e che risponde a modelli di relazione, ruoli, aspettative e opportunità socialmente determinate. Una costruzione complessa, non necessariamente coincidente con quel sesso biologico (maschio/femmina) che la società vorrebbe contenere e controllare. Esistono i corpi, che possono essere femminili e maschili a prescindere dal sesso, o né l'uno né l'altro, in una continua ridefinizione del proprio essere.

Forse è anche per via di questa sensibilità diversa, più attenta agli attraversamenti di genere, che Ella riceverà un invito da parte di un gruppo di donne baresi attive nel "Centro documentazione e cultura della donna". Bari in quei mesi è l'epicentro dello scandalo, delle intercettazioni e delle polemiche, e su questo le donne baresi prendono la parola:

---

137   Cfr. C. Bonfiglioli, *Intersezioni di razzismo e sessismo nell'Italia contemporanea. Una cartografia critica dei recenti dibattiti femministi*, in «Dwf – Donnawomanfemme», Modelli femminili, n. 3-4, 2010, pp. 64-76.

Siamo qui a partire da quel che si è svelato in tutta la sua miseria e indegnità negli ultimi mesi in questa città, specchio di questo paese. Bari, né migliore né peggiore del paese Italia. Parliamo dell'estate e autunno 2009. Parliamo del tempo del berlusconismo più cupo e iracondo.

Chiosa così Paola Zaccaria nel dare inizio all'incontro "Sex in the city. Corpi, politica e spazi pubblici", il cui sottotitolo recita: "Ovvero: Lo convocate ora un bel Family Day?"[138].
Zaccaria si definisce "geneticamente femminista e pacifista, attivista nel movimento e attraversatrice di movimenti" e spiega di essere entrata in contatto con Ella attraverso le postElle:

C'eravamo scritte e l'ho invitata a partecipare alla nostra iniziativa che abbiamo organizzato quando morì Brenda, una delle transessuali coinvolte nella vicenda Marrazzo[139]. Ella non è venuta a Bari ma ci ha mandato un video[140] e una lettera che abbiamo letto durante l'incontro.

---

138   Manifestazione nazionale promossa dal Forum delle associazioni familiari il 12 maggio 2007 a piazza San Giovanni a Roma. Scopo dell'iniziativa è stato quello di ribadire che la famiglia è solo quella composta da un uomo e una donna con il vincolo sacro del matrimonio, il Forum è contrario a ogni forma di riconoscimento delle coppie di fatto, sia omosessuali che eterosessuali. Lo stesso giorno i laici legati al Partito radicale e all'Arcigay organizzarono una contro manifestazione in piazza Navona. I laici polemizzarono anche sulla presenza al Family Day di politici della destra che sono separati o divorziati e che per tale motivo non potrebbero parlare a nome della "santa famiglia".

139   Il 23 ottobre 2009 viene diffusa la notizia che il governatore del Lazio, Piero Marrazzo, è stato ricattato da quattro persone appartenenti all'Arma dei carabinieri in possesso di un video in cui si sarebbero dovuti vedere gli incontri fra l'allora governatore ed una transessuale. Marrazzo prima ha negato poi ha parlato di un incontro «frutto di una mia debolezza della vita privata».
Vedi http://www1.lastampa.it/redazione/cmsSezioni/politica/200910articoli/48652girata.asp.
Il 20 novembre, una delle transessuali coinvolte nella vicenda, Brenda, muore uccisa da un incendio di origine dolosa nella sua casa.

140   Il video è visibile su http://www.youtube.com/watch?v=Y4wOnequjYI&feature= player_embedded.

Una missiva nella quale chiarisce anche lo spirito della sua pratica politica anonima: chiunque concordi con le sue parole può essere Ella, non c'è copyright ma solo voglia di condivisione e diffusione di un pensiero libero da schemi e da preconcetti.

Nell'epoca del presenzialismo anche dentro i movimenti antagonisti, scrive Ella:

Care ragazze di "Sex in the City", care amiche riunite oggi a Bari, ringrazio Paola che mi ha dato la possibilità di partecipare ed è con molto godimento che intervengo in questo incontro fra donne. La pratica politica scelta in questa fase della mia esistenza mi porta ad agire nell'anonimato, ma questo non modifica il mio coinvolgimento affettivo e politico verso di voi. Vorrei anzi che il mio anonimato favorisse la libera riproduzione delle parole che scrivo. Anche se Ella non c'è, chiunque fra voi può essere Ella.

Mi sembra che l'ultima puntata più avvincente di "Sex in the City", prima della tragica e sospetta morte di Brenda, abbia avuto come guest star Piero Marrazzo, anche se le migliori interpreti per me sono state sicuramente Natalie e Brenda. Avrei preferito che per questa puntata, però, gli autori – non so se i carabinieri o chi per loro – avessero pensato ad un finale diverso, un colpo di scena con lo spiazzante coming out di Marrazzo: "Cari cittadini e cara moglie mia, vi presento Natalie, la mia fidanzata. Da tanti anni mi rende felice prendendosi cura di me sessualmente e affettivamente, anche se l'ho tradita un paio di volte con Brenda. È una cara ragazza, nata uomo in Brasile. In Italia viene additata come uomo vestito da donna e chiamata clandestina".

Anche questa puntata rivela i meccanismi di potere che governano i rapporti tra i sessi.

Ad una donna nata uomo, per di più costretta nella condizione di clandestinità, le sono del tutto ristretti gli spazi di libera scelta, compresa quella di prostituirsi.

Come ha scritto Porpora Marcasciano[141]: "Se una trans ha costruito il suo

---

141   Cfr. vedi anche cap. 7.

corpo per essere una bomba di sesso e per vendere prestazioni sessuali, forse, liberi dal pregiudizio, dovremmo riconoscere quell'aspirazione come legittima piuttosto che stabilire dove e come dovrebbe collocarsi!". E comunque non tutte le trans portano l'ottava e si rifanno le labbra! Sono convinta che anche quando la prostituzione resta forse l'unica strada percorribile, le donne che la intraprendono sono capaci di esercitare una soggettività e una consapevolezza che meritano rispetto e riguardo.

Questi meccanismi di potere riguardano tutte noi.

Lo scambio tra sesso, denaro e potere – sia nel privato che nel pubblico – è per le donne una strada a senso unico, ma non senza uscita. Infatti sono le donne ad offrire agli uomini una serie di prestazioni: siamo noi che li accompagniamo, li intratteniamo, ne esaudiamo i desideri e i voleri, come mogli, amanti, madri, sorelle, confidenti, collaboratrici, amiche e puttane. Tutte attività lavorative mai riconosciute come tali, e tutti ingranaggi dello stesso meccanismo da smascherare!

Io "Sex in the City" lo seguo fin dalle prime puntate. So che prima che entrassero in scena Brenda, Natalie e Piero, protagonisti erano tutti i benpensanti che hanno gridato allo scandalo.

Fin dall'inizio della serie, proprio loro hanno voluto che il nostro lavoro diventasse precario, che gli stranieri fossero clandestini per legge. A noi donne hanno detto di tornare a casa a fare le badanti, le prostitute e le teledipendenti. E se proprio avessimo voluto fare qualcosa fuori casa, saremmo state selezionate come corpi per l'intrattenimento televisivo.

Ancora una volta io, come altre, mi trovo impigliata nella contraddizione fra potere e autodeterminazione, schiacciata fra scelte affettive e norme che ingabbiano tutto, soprattutto le trasgressioni. Vorrei che la politica fosse appassionante, ma anche divertimento e trasmissione di pratiche e saperi. Forse è ancora possibile solleticare l'immaginario e reinventare la comunicazione, se lo facciamo insieme ci divertiamo di più e forse iniziamo a trasformare questo mondo, a partire dalla trasformazione dei rapporti fra i sessi.

Un abbraccio a tutte.

Alla prossima

Ella de Riva

Il testo apre ad una riflessione sui corpi che restano marginali, in sintonia con le donne di Bari che hanno voluto ragionare sul conflitto sesso-potere a partire dal fisico invisibile di Brenda.

Scrive Paola Zaccaria nel documento introduttivo alla serata:

> Brenda la clandestina, la non propriamente maschio né propriamente femmina, la mezzo e mezzo presa nel mezzo di una partenza o di una disperata ricerca di sonno, messa in mezzo perché non ha saputo stare al suo posto – quello delle stamberghe, della strada, della disperazione.
>
> Brenda storpiata due volte persino nel nome, Brenda non essendo il suo nome e poi chiamata Blenda da un potente arrivato non si sa come in quei dieci metri quadri. Ironia che colgo da traduttrice in quella storpiatura: Blenda risuona di "blended", mescolata, miscelata, la trans, quella/quello, che si è voluto mettere simbolicamente a posto nel suo posto, nel loculo di dieci metri quadri, asfissiata, simbolicamente e fisicamente e sessualmente asfissiata. Tappata la bocca: che s'ingoi possibili parole, che non rigurgiti il seme della verità. Affogato il computer.
>
> Noi non siamo qui per fare discorsi atemporali, metafisici, astratti, fumosi, squisitamente intellettuali né per fare letture beceramente populiste. Noi qui, voi come noi, noi come Centro documentazione e cultura della donna (Cdcd) e come Undesiderioincomune e come quel che è nato da una sorta di voglia di autoconvocazione di tante accolta quest'estate dal Cdcd, e che ha preso il nome di coordinamento donne e potere... noi come voi, noi donne, noi dissidenti, noi mai zitte, noi con le nostre compagne e compagni etero non addomesticati, noi come uomini e donne che resistono, resistono. [...] Siamo qui per capire quali appuntamenti sono andati a vuoto in questa città, in questo paese tra il *potere*, parola di genere maschile non astratta, ma corposa, legnosa, ossidata seppure aspiri a presentarsi come inossidabile, la *politica*, che è altro dal

potere in quanto dovrebbe creare libertà e convivenza nella *polis*,
e la *sessualità*, parola anch'essa concreta, di genere femminile, che
rinvia anch'essa a corpi, e che di solito, nell'immaginario italiano
maschile, ma anche in quello femminile su cui si è incistato l'in-
nesto abnorme compiuto dal bisturi della videoplastica, fa venire
in mente corpi femminili rappresentati in un certo modo. Corpi
come questi. […] La domanda-riflessione che vogliamo sollecitare
è: non siamo forse non davanti al silenzio delle donne, ma alla censura di "contenuti, iniziative, immaginario" di donna?

[…] Un'epoca di brutalità nelle parole e nelle pratiche, giorni in
cui gli spazi di libertà si riducono, il Parlamento si occupa della
lunghezza delle code di cani e chi è al potere e chi inneggia a questa politica degradata non vuole cogliere l'emergere della questione
sesso-potere-violenza-razzismo.

[…] Tanti si sono lasciati scivolare verso l'integrazione nel modello-
automa-replicante, pur di vivere, e invece di far fronte a chi ci ruba
la vita, si fa fronda con chi crediamo ci possa lanciare due moneti-
ne, e ci lascia credere che ci proteggerà dallo stupro, dallo straniero,
dalla notte…

Se non fossimo in tempi così duri, potremmo sperare di essere spet-
tatrici e spettatori di una masquerade. Proviamo a lanciare delle
domande: Chi è l'escort? Patrizia D'Addario o Belpietro che in-
fierisce contro di lei in Anno zero, con piena modalità da stalking,
mitragliando: come si guadagna da vivere, signora, come campa? E
noi? Noi dovremmo chiedere: come si guadagna da vivere, lei, direttore? Come si guadagna da vivere, dott. Vespa? Come si guadagna da vivere avv. Ghedini, e ministro Alfano e ministro Scajola e il
più talentuoso camaleontico e infedele delle prostitute, Capezzone,
esperto in prestazioni orali – portavoce?

[…] Quanto livore per l'intelligenza, la grazia, e il sapere femminile
sta dietro quel tenerci fuori, quel volerci storpiare ad angeli del fo-
colare o veline senza cervello o imago di donne; quanta intelligenza
e forza di resistenza sta dietro il nostro non voler entrare in politica con le procedure di questa politica? Noi qui stasera abbiamo

portato i nostri e vostri corpi in contatto in questo luogo, ci siamo messi in scena non in tv o nell'arena politica che esercita un potere scollegato dalle piazze, abbiamo creato uno spazio di "cittadinanza attiva" (Arendt): noi siamo qui non per apparire, ma per esserci, e cerchiamo di allargare questa *agorà* di tufo e sud, il Fortino, connettendola alla piazza virtuale, a parole come quelle di Ella de Riva che forse è una vera donna o forse è un *topos* femminista, e che ci ha mandato, dalla riva virtuale che lei attraversa, attraverso la rete, il suo contributo che chiuderà la serata in ricordo di Brenda. Canto e sorrisi nonostante, sorrisi come resistenza, sorrisi all'esistenza. Nonostante.

Dopo circa un anno da quell'incontro di Ella de Riva si sono perse le tracce, non si è più vista neanche virtualmente, forse ha cambiato identità o semplicemente il modo di fare politica, oppure è fuggita da un paese, il nostro, che a volte sembra una palude.

Ma un fatto è certo: è lei che ha scelto liberamente di prendere un'altra strada. Nessuno ha scelto per lei, sui suoi desideri.

La domanda, invece, a cui nessuno ha dato ancora risposta è un'altra: cosa ne è stato della vita di Brenda? Chi ha deciso per lei?

Capitolo 13
2010
Il femminismo sarà TransFemminista o non sarà...

«Aggiungere trans a femminismo è come
usare una sega elettrica per la prima volta.
È potente, strana, pesante, rumorosa, sì, fa una paura infernale,
finché non si impara a guidarla, a permetterle di fare ciò che sa far bene.
Il transfemminismo troverà la sua posizione nella
"scatola degli attrezzi" e impareremo ad usarlo e ad usarlo bene.
Fino a quel momento bisognerà che ignoriamo
il fischio nelle orecchie e la vibrazione nei denti
e continuiamo a tirar su quella sega elettrica,
per permettere al suo ruggire di annunciare il nostro progresso».

Hanne Blank[142]

Antagonismogay è nato a Bologna nel 1999 e si presenta così:

Stanch@ di battere nei luoghi stabiliti e concessi, di essere rappresentat@ da altri, di essere "minoranza", siamo uscit@ dal ghetto per battere nuove strade, tra movimento Lgbtq e Movimento dei Movimenti.[143] Antagonismogay è un collettivo frocio, queer e degenere (oltre i generi imposti) che lavora a Bologna e quando ce n'è bisogno... in tutta la galassia, secondo l'idea di agire localmente e pensare globalmente, attraverso relazioni, progetti, collaborazioni che vanno dalla rete Lgbtq in Italia a Queerforpeace in Palestina, dai network europei nati con l'espe-

---

142   Hanne Blank, femminista, scrittrice e storica statunitense.

143   Movimento dei movimenti è uno dei nomi con cui è stato indicato il composito e variegato mondo che ha contestato la globalizzazione neoliberista negli ultimi quindici anni, è conosciuto anche come movimento no-global, altermondialista, antiglobalizzazione.

rienza dei Social Forum alla mobilitazione Facciamo Breccia. Il nostro agire poggia sull'analisi di un mondo che per molti aspetti non ci piace e che lottiamo per migliorare, fiducios@ che un altro mondo è possibile anzi un gaio mondo è possibile. Crediamo che la vita, le relazioni e i diritti di gay lesbiche e trans debbano migliorare e che tutto questo sia indissolubilmente legato alle istanze delle donne, dei migranti, dei senza casa, dei senza terra, delle prostitute e di tutt@ coloro che lottano per affermare la propria dignità. Crediamo che la vita gay lesbica e trans non possa essere ridotta al ghetto commerciale delle discoteche, saune, gallerie d'arte o negozi alla moda e che le istanze di trasformazione che articoliamo non siano riducibili alla sintesi tattica di un riconoscimento normativo (Pacs[144]), ma vadano oltre, partendo dai nostri desideri, dalla nostra favolosità. La lotta per noi è prassi politica quotidiana e, per usare un detto caro a Mario Mieli[145], d'ora in poi non batteremo solamente ma com/batteremo.

Un gruppo con le idee chiare e i piedi ben saldi a terra, che non vuole fermarsi ad analizzare la realtà ma desidera conoscerla da vicino e nel tempo intreccia relazioni con i percorsi politici dei migranti, delle femministe, delle prostitute. Dopo la manifestazione del 2007 a Roma, al suo interno nasce un interessante laboratorio dal nome Smaschieramenti. Un progetto inusuale nel panorama italiano, che intende, a partire da una ottica femminista

> intrecciare sguardi sul maschile, sulle condizioni storiche e sociali
> della sua costituzione e trasformazione, per sostenere l'emergere di
> posizioni di genere multiple, libere e consapevoli della loro parzia-
> lità, che non liquidino solo apparentemente i temi della violenza e

---

144   Pacs, Patto civile di solidarietà, è una delle ipotesi normative fatte in Italia, sulla falsariga della legge francese, per riconoscere le unioni civili fra persone dello stesso sesso.

145   Mario Mieli (1952-1983), scrittore, filosofo e attivista, considerato uno dei fondatori del movimento omosessuale italiano, nello stesso anno in cui morì suicida a Roma nasce il Circolo di cultura omosessuale Mario Mieli. Per maggiori informazioni cfr. http://www.mariomieli.net/.

della dissimmetria di potere tra uomini e donne, e tra maggioranze e minoranze sessuali[146].

Significa gettare uno sguardo al patriarcato, ai suoi modelli e stereotipi, da un'altra angolazione, così che la critica alla violenza e al maschilismo non sia rivolta solo all'esterno, alla società che ci circonda, ma anche all'interno, a «quell'ordine discorsivo dominante di cui partecipiamo tutti, donne etero o lesbiche, gay, maschi ambigui, ibridi e queer. È così che nasce l'idea del laboratorio Smascheramenti, un collettivo che fa della critica del maschile come archetipo dominante il suo oggetto principale»[147].

In Italia esistono anche altri gruppi che da alcuni anni lavorano sull'identità maschile, sulla "crisi" del maschio rispetto ai canoni tradizionali, ragionano insieme su temi che normalmente la maggior parte degli uomini svia: prostituzione, sesso e sessualità, violenza, potere. Sono piccole isole composte da uomini che si sono lasciati contaminare dai femminismi, dal Cerchio degli Uomini attivo già dal 1998 a Torino all'associazione nazionale Maschile Plurale nata a Roma nel 2007, passando per diverse città dove esistono altri laboratori simili (Verona, Bologna, Viareggio, Milano, Bari, Pinerolo, Livorno). Esperienze significative ma meno radicali di Smascheramenti, come spiega Beatrice, fra le attiviste del gruppo:

> Siamo un soggetto che, pur avendo una forte composizione femminista, fino ad ora ha privilegiato un posizionamento all'interno del movimento Lgbtqi e dentro le lotte, anche a livello transnazionale, contro il debito e la finanziarizzazione della vita. Siamo un collettivo che si occupa soprattutto dell'analisi e della critica per ribaltare i modelli egemoni di mascolinità a partire dal rifiuto del dispositivo

---

146   Vedi http://smascheramenti.noblogs.org/.

147   Cfr. in Caterina Peroni, *Violenza di genere e neofemminismi. Discorsi e pratiche.* Tesi di dottorato di ricerca in Scienze giuridiche, Università degli Studi di Milano, XXIV ciclo.

dell'eterosessualità normativa e obbligatoria. Non è sempre facile oggi per un soggetto queer come Smaschieramenti avere relazioni produttive con i femminismi "storici" italiani dai quali, probabilmente, siamo percepite come "ospiti estranee".

Qui rientra in gioco, infatti, anche la questione delle tradizioni, delle genealogie e delle culture femministe più visibili nel nostro paese. Che in Italia una discussione seria sul queer sia rimasta marginale è evidente, anche per via dell'egemonia culturale del femminismo della differenza, che è perdurata a lungo, e della sua sostanziale diffidenza nei confronti dei gender e Lgbtqi study. Fortunatamente, il vento sta un po' cambiando.

Fra una attività e l'altra[148] il gruppo bolognese ha diffuso in Italia un documento del 2010 prodotto da collettivi spagnoli che spiega perché la rivoluzione sarà transfemminista o non sarà.

Combattenti cubani conosciuti come "barbudos" scesero dalle montagne e il 1º gennaio del 1959 presero La Habana dando fine alla dittatura bananiera di Fulgencio Batista, che aveva convertito Cuba nel "casino" degli Stati uniti e in quello arrivò Fidel e il trionfo della rivoluzione socialista cubana.

Trentacinque anni più tardi, il 1º gennaio 1994, scesero dalle montagne anche i contadini indigeni appartenenti all'Esercito zapatista di liberazione nazionale. Iniziando da San Cristóbal de las Casas occuparono molti centri abitati dello Stato messicano del Chiapas in coincidenza con l'entrata in vigore del Trattato di libero commercio tra Stati uniti, Messico e Canada che condannava a una maggiore povertà le località indigene. Scesero dal monte, raggiunsero i loro obiettivi e scatenarono una delle rivoluzioni con maggior trascendenza delle ultime decadi del xx secolo.

---

148   Ad esempio, a Milano Smaschieramenti organizza *Manovre ingen(d)erose* (30 marzo 2012, spazio Zam), a Bologna la *Giornata di cospirazione puta-lesbo-trans-femminista-queer* (15 dicembre 2012, Bartleby), a Roma lo *Sfamily day* (25 maggio 2013, Casa internazionale delle donne). Molti i seminari di autoformazione del gruppo a Bologna, Roma, Padova e Torino, fino alla prima *Campeggia trans-femminista queer* (agosto 2013, Salento).

Oggi, 1º gennaio 2010, da differenti quartieri, città, culture e mondi facciamo un appello alla lotta transfemminista, alla formazione di branchi come unità basiche di convivenza e organizzazione e alla ribellione nelle strade, nelle case e nelle città.

Dai nostri marciapiedi e con tutta la nostra passione proclamiamo ai quattro venti ciò che segue:

Veniamo dal femminismo radicale, siamo le lesbiche, le prostitute, l* trans, le immigrate, le sfortunate, le eterodissidenti... Siamo la rabbia della rivoluzione femminista e vogliamo mostrare i denti: uscire dagli uffici del "genere" e delle politiche corrette e che il nostro desiderio ci guidi, sempre politicamente scorrette, sempre disturbando, ripensando e risignificando le nostre mutazioni.

Ormai non vale niente essere solo donne. Il soggetto politico femminista "donne" ci è ormai troppo stretto, ed è escludente in se stesso – lascia fuori le lesbiche, l* trans, le prostitute, quelle col velo, quelle che guadagnano poco e non vanno all'università, quelle che gridano, le clandestine, le frocie...

Dinamitiamo il binomio genere/sesso come pratica politica. Seguiamo la strada che abbiamo incominciato – "donna non si nasce, si diventa" – e continuiamo smascherando le strutture di potere, la divisione e la gerarchizzazione.

Se non impariamo che la differenza uomo/donna è una produzione culturale, così come la struttura gerarchica che ci opprime, rinforzeremo la struttura che ci tiranneggia: il confine uomo/donna.

Dato che tutti produciamo genere, possiamo produrre liberà, argomentandola con infiniti generi. Reinventiamoci a partire dal desiderio. Lottiamo con i nostri corpi contro qualsiasi regime totalitario.

I nostri corpi sono nostri, così come i loro limiti, mutazioni, colori e transizioni.

Non abbiamo bisogno di tutori rispetto alle decisioni che prendiamo attraverso i nostri corpi: trasmutiamo di genere, siamo quello che vogliamo – travestit*, lesbiche, femme, butch, puttane, trans, portiamo il velo e parliamo wolof, siamo rete, branco furioso.

Chiamiamo all'insurrezione, all'occupazione delle strade, ai blog, alla disubbidienza, a non chiedere il permesso, a generare alleanze e strutture proprie.

Non difendiamoci: facciamo sì che ci temano!
Siamo una realtà, operiamo in differenti città e contesti, siamo conness*,
abbiamo obiettivi comuni e non ci farete tacere più.
Il femminismo sarà transfrontaliero, trasformatore, transgenere o non sarà.
Il femminismo sarà TransFemminista o non sarà...
Vi amiamo[149].

Anche da questo afflato "internazionalista" è nato nel 2012 il "Som-Movimento nazioAnale", rete informale di collettivi e singolarità trans-femministe-queer di tutta Italia, che ha iniziato a incontrarsi per discutere su come lavorare a livello transnazionale. Come è evidente dal nome scelto, l'ironia non abbandona la passione politica del gruppo che si muove giocando con le parole, provocando benpensanti e perbenisti, senza perdere di vista le questioni importanti da affrontare.
Nell'estate 2013 ha organizzato la prima edizione della "Campeggia Trans*Queer*Femminista" in Salento, iniziativa totalmente autogestita e autofinanziata, un momento conviviale e seminariale in cui si è discusso di femminismi, precarietà, sessualità, piaceri, intimità, pratiche di mutualismo e welfare non familista, strategie di resistenza comune alla crisi economica, alla violenza e alla repressione di Stato.
Rispetto ad altri collettivi Smaschieramenti è interessante anche per l'utilizzo dell'autoinchiesta interna al gruppo come modalità collettiva di analisi e ragionamento. Alessia Acquistapace, attivista di Smaschieramenti, nella sua tesi di laurea in Antropologia[150] racconta questa esperienza. Oggetto della riflessione è la modalità dello

---

149   Manifesto per un'insurrezione PutaLesboNeraTransFemminista.

150   Cfr. A. Acquistapace, *Relazioni senza nome. Reti di affetti, solidarietà, intimità e cura oltre la "coppia eterosessuale obbligatoria"*, Università degli Studi di Bologna – Facoltà di Lettere – Corso di laurea specialistica in Antropologia culturale ed Etnologia. È possibile leggerla online su smaschieramenti.noblogs.org/post/2013/07/.

stare insieme oltre la tradizionale famiglia stile Mulino Bianco, ossia come vive le relazioni affettive chi non si sposa, non fa figli e neanche resta a casa da mamma e papà?

> Conducono davvero un'esistenza solitaria e individualista? Restano figli/e a vita? O piuttosto costruiscono legami d'affetto diversi da quelli tipicamente familiari o di coppia? Chi si prende cura di loro? Con chi condividono casa, vita quotidiana e responsabilità di cura reciproca? I/le partner sessuali coincidono con chi svolge questi ruoli o no? Quanto e come? E se esistono altre figure significative nella vita delle single e dei single, con le quali questi scambiano aiuto, sostengo, affetto, tutte queste relazioni si proiettano nel futuro e quanto?[151]

Muove da questi interrogativi la ricerca di Acquistapace, o meglio la conricerca fatta con il gruppo e basata sulle esperienze di venti persone, fra i ventisette e i quarantanove anni, con situazioni lavorative, vite affettive e orientamenti sessuali differenti.

È un ottimo lavoro che sfata luoghi comuni: sembrerà strano ma queste donne e uomini non si ritrovano necessariamente soli e abbandonati a se stessi. La coppia monogama non è l'unica via, è possibile sperimentare altre convivenze – fra amici, fra amanti – e altre modalità per prendersi cura dell'altro/a non solo nel quotidiano ma anche nei momenti di difficoltà o emergenze, magari restando dentro l'orizzonte politico cittadino e senza uscire dal "mondo", come sperimentato da alcune comunità di tipo più meditativo o quelle più di impronta ecologica-biodinamica come gli Elfi[152]. Si tratta di riorganizzare spazi e tempi di vita senza nulla togliere ai desideri e ai bisogni concreti, dovendo fare i conti con la precarietà del reddito.

---

151   Vedi http://www.iaphitalia.org.

152   Comunità di persone che vive nelle montagne attorno a Pistoia, mangiando i prodotti da loro coltivati, senza alcuno strumento meccanico e senza elettricità e comfort nelle loro case (riscaldamento, elettrodomestici, tv…).

Vuol dire costruire reti di solidarietà e mutuo aiuto che tengano insieme personale e politico. Per farlo forse è necessario ricominciare a parlare, anche nella militanza, di *organizzazione*, «parola rimossa nell'ambito queer e quantomeno problematica nei movimenti»[153] forme organizzative che siano

> all'altezza della complessità delle vite queer e precarie, che tengano conto della irriducibilità di ognun* a un soggetto collettivo verticale/gerarchico, che possano includere collettivi, singol* attivist*, studios*, laboratori di sperimentazione politica; di inventare e valorizzare forme della politica che possano coesistere con le vite precarie, costruendo solidarietà, trasversalità e viralità delle lotte senza esigere militanza sacrificale, che siano in grado di potenziare l'agire di ognuna senza ridurlo a uniformità. Vorremmo riflettere su una politica fatta di dis/attaccamenti appassionati, che ricomponga la frammentazione senza pretesa di produrre soggetti molari unitari, che consenta di entrare, uscire, alternare il coinvolgimento, senza creare paranoia, identità ideologiche e passioni tristi[154].

Una proposta decisamente indecente, quella di far politica organizzandosi bene, anzi meglio, e ridendoci su.

---

153   Il movimento antiglobalizzazione ha criticato la forma partito e l'organizzazione gerarchica al suo interno, optando per strutture cosiddette leggere, flessibili, orizzontali, che non sempre hanno funzionato.

154   Cfr. *Spunti di riflessione dalle reti transfemministe queer*, a cura del Laboratorio Smascheramenti, è il documento per il seminario dal titolo *Sovvertire il presente, reinventare l'Europa: una nuova politica per il comune*, Passignano sul Trasimeno, 5-8 settembre 2013.

Capitolo 14
2010
L'insistenza delle TerreMutate

«Perché la "casa" non è solo un luogo dove
abitare ed incontrarsi, ma è per se stessa un "vivente".
E noi vogliamo vivere. Creare. Incontrarci. Costruire».

Serenella Ottaviano[155]

Un progetto miliardario, soprattutto per chi si è arricchito con gli appalti, quello delle C.a.s.e., ovvero i Complessi antisismici sostenibili ed ecocompatibili, noti al grande pubblico come le abitazioni volute dal governo Berlusconi a L'Aquila, dopo il violento sisma che alle 3.32 del 6 aprile 2009 ha colpito il capoluogo abruzzese e molti altri luoghi della regione. Dovevano essere delle case modello e, invece, a quasi cinque anni dal terremoto hanno gli isolatori sismici fallati, gravi infiltrazioni d'acqua, riscaldamenti rotti e cedimenti vari d'intonaco. Arrivando in città dall'autostrada si vedono qua e là dei palazzi nuovi nella zona bassa in periferia, macchie di colore fresco che contrastano con le massicce montagne dello sfondo. Alcune gru nel centro storico danno l'idea di attività di ripresa ma «non c'è una sensazione di ricostruzione collettiva, la città è tutta scollegata, tante isole non comunicanti» – spiega Simona Giannangeli, avvocata quarantenne aquilana – «del resto, a poche ore dal sisma, la città è stata completamente sfollata. È stato un gesto politico e simbolico preciso: da subito è mancata la volontà di tenere la popolazione unita e salda sul territorio».
Simona è abituata ai conflitti, con le Donne in nero ha viaggiato a lungo nei luoghi di guerra, e dopo il sisma non si è persa d'ani-

---

155   Serenella Ottaviano è insegnante, poeta e una promotrice di TerreMutate.

mo. Lei e le altre donne che operavano presso il centro antiviolenza del capoluogo abruzzese hanno garantito i servizi nelle tende, sotto le pensiline degli autobus, per strada. Non molla e si esercita alla memoria

> perché voglio che sia viva, che mi permetta di legare gli eventi del mio vissuto a quello degli altri. Senza memoria si scrivono solo cattive storie ed è questo il senso delle battaglie che stiamo portando avanti per pretendere verità e giustizia sui morti, sui crolli e sulla farsa tragica di una ricostruzione fatta passare sui corpi e sulle menti.

Non era così che doveva andare. Non era così che doveva dissolversi la bellezza austera dell'Aquila, città con il centro ancora puntellato e con «l'emergenza diventata un'anomala normalità», racconta Nicoletta Bardi, ligure d'origine ma aquilana d'adozione. Abitava in centro con il figlio ventenne, una delle poche case in cemento armato degli anni '60, anche quell'edificio ora è inagibile e non si sa quando sarà abbattuto e poi ricostruito.
E aggiunge:

> Stiamo vivendo un momento di down. Dopo la paura, il dolore e la cura delle ferite, è come se fossimo storditi ma abituati. È evidente che non viviamo più la situazione drammatica dei primi mesi, ma è un fatto che la città non è stata ancora ricostruita e con essa le relazioni e il tessuto sociale.

Lei, come tante altre, ha abitato diversi mesi nella tendopoli e poi ha preso in affitto una mansarda che nessuno voleva per la paura di nuove scosse.
Nicoletta e Simona sono alcune delle promotrici dell'associazione Donne TerreMutate, nata dal comitato promosso a L'Aquila nell'ottobre del 2010 per realizzare un incontro nella loro città dal titolo "Ben vengano le donne a maggio. Mani-festiamo. Sia-

mo tutte aquilane". Simona è portavoce di un nutrito gruppo di diciotto donne, età media cinquant'anni, professioni e interessi diversi: un'avvocata, due giornaliste pensionate, altre due pensionate da impieghi, una dirigente Cgil, due lavoratrici precarie nella pubblica amministrazione, due insegnanti, una psicoterapeuta, un'informatica a tempo pieno, un'impiegata in un'associazione culturale, un'addetta stampa, un'ingegnera/cartografa precaria e una docente universitaria pensionata. Molte di loro si conoscevano già per via delle attività nella Biblioteca delle donne Melusine e al Cav, Centro antiviolenza, o perché facevano parte delle stesse associazioni (Donne in nero, Genitori si diventa, Bibliobus e Bibliocasa, Arci, Leggendaria, Comitato familiari vittime case dello studente, Artisti aquilani onlus). Accanto al nucleo originario c'è un bel viavai di altre donne che si rendono disponibili a dare una mano quando serve.

«Secondo me ha pesato molto la nostra storia femminista – dice Nicoletta – eravamo tutte sperdute e disorientate, ma sapevamo dove volevamo andare».

Tutte loro avevano un desiderio: riprendere in mano la città e tirarla su, non solo con le gru, per questo hanno invitato a guardarla con altri occhi.

Uno sguardo diverso. Lo sguardo delle donne. L'Aquila: tutti l'hanno guardata, ma chi l'ha vista veramente? Il comitato "Donne terre-mutate" lancia un incontro nazionale per portare le donne di tutta Italia a vedere L'Aquila come è. A sentirne gli odori, a toccare le spaccature e a stringere mani. Per accompagnarle a visitare la "zona rossa" ancora militarizzata, ad entrare nelle C.a.s.e. dove (non) si vive bene, a camminare nei quartieri vuoti e abbandonati, a passeggiare nel centro dopo le undici di sera (prima che chiudano i cancelli!). Vogliamo portarvi nei luoghi che la televisione non ha mai fatto vedere. Un pensiero diverso. Il pensiero delle donne. Dal 6 aprile 2009, a L'Aquila, le donne riflettono, discutono, lavorano e progettano, mettono insieme competenze e talenti. Sono le donne delle associazioni, dei luoghi di lavoro, della scuola, dell'arte. Sono le donne che ricostruiscono quel che è permesso ricostruire in un modo differente dagli uomini. Vogliamo confrontarci con donne di tutta Italia, con altri talenti e con altre competenze. Un'altra città. La città delle donne. Le donne a L'Aquila ri-tessono la vita quotidiana frammentata, vedono il tempo bruciarsi nelle distanze fra il centro storico ancora chiuso e i satelliti tutto intorno, il degrado di case libri mobili suppellettili e luoghi d'incontro un tempo agevoli. Ma dal caos nascono anche nuove occasioni che le aquilane vogliono condividere con donne di tutta Italia. Un momento di gioia, una festosa trama di relazioni: semi di ricostruzione e di rinascita, da gettare nella terra tutte insieme. Soprattutto abbiamo un sogno: costruire nella nuova città un luogo delle donne[156].

Un appello e un sogno al quale hanno risposto circa seicento donne da tutta Italia, arrivate a L'Aquila nel maggio del 2011, per vedere davvero da vicino la città, quella vissuta dalle donne, non quella raccontata dalla propaganda governativa. Un incontro fecondo da cui sono nate ventisei "staffette" in altrettante città d'Italia e in differenti luoghi di donne che hanno voluto invitare delegazioni di TerreMutate.

All'inizio il nome era scritto in maniera staccata, Terre-Mutate, ed era stato ripreso dal titolo del numero speciale di *Leggendaria*[157] del giugno 2010, a sua volta ripreso da una frase del filmaker Francesco Paolucci che si era definito "terremutato" nel suo blog, ossia una persona che aveva subito un mutamento anche interiore dopo il violento cambiamento di vita determinato dal terremoto.

In occasione della creazione dell'associazione, abbiamo voluto ri-declinarlo senza lineetta, come TerreMutate – racconta Nadia Tarantini, originaria di Carsoli, scrittrice e giornalista – perché credo che questa forma sottolinei di più la soggettività delle "mu-

---

156   Vedi www.laquiladonne.com.

157   «Leggendaria. Libri letture linguaggi» è una rivista indipendente nata nel gennaio 1997 e distribuita in libreria e per abbonamento. Info su http://www.leggendaria.it.

tate". Il nome non era amato allo stesso modo da tutte noi, alcune preferivano laquiladonne, nome del nostro sito, ma poi nel tempo è divenuto una specie di "etichetta" anche fuori da L'Aquila. Molte donne, dopo averci incontrato, lo hanno fatto proprio, perché non c'è solo il terremoto che muta l'interiorità delle persone, ma tante altre "violenze" che accadono nel territorio e nelle vite delle persone.

In questi anni le TerreMutate hanno girato l'Italia per raccontare la loro città, prima e dopo il sisma, per elaborare collettivamente il lutto materiale e spirituale e per mettere al centro della politica delle donne un trauma che chiama in causa il pubblico e il privato, il personale e il politico.
Alcuni luoghi hanno risposto con entusiasmo e calore a questo bisogno di incontro delle TerreMutate, che raccontano:

> Ravenna è senz'altro la nostra "relazione madre", con un rapporto molto vivo e continuativo, un sostegno anche organizzativo ed economico alle nostre iniziative. Poi siamo state più volte a Livorno e siamo in contatto con le Donne in nero di Roma, di Milano, di Torino e di Napoli in particolare. Ma anche con diversi gruppi di donne marchigiane (Osservatorio di Macerata; donne della Cgil di Pesaro, gruppi femminili e femministi di Senigallia); con Bolzano (Archivio e Casa delle donne), con gruppi di Siena e della Maremma, di Volterra. Un po' meno accogliente è stata la nostra regione, in Abruzzo non ci hanno chiamato molto.

Forse perché L'Aquila è percepita come il capoluogo aristocratico ed «è sempre stata una città chiusa, diffidente nei confronti degli studenti, – racconta Valentina Valleriani, ingegnera originaria di Pescara – vivo qui da quando sono arrivata all'università e all'inizio non ho amato per nulla questa città. Venivo da una cittadina aperta e calda, anche per il clima. Mentre gli aquilani sono un popolo di montagna, con un retaggio culturale di poca condivisione».

Valentina prima del terremoto abitava nel centro storico di una piccola frazione dell'Aquila, l'edificio è totalmente inagibile, ma non è fra le priorità delle istituzioni ricostruire queste piccole frazioni, per cui non è ancora potuta tornare a casa sua.

Mi spiega che le case del centro dell'Aquila sono state puntellate tutte in maniera fitta per evitare il crollo, ma si tratta «di tenere in piedi dei cadaveri», non saranno mai più abitabili. In compenso, molte imprese hanno fatto affari d'oro per puntellarle in modo così intenso, nel vederle si direbbe in maniera quasi ossessiva.

Senza appoggi e con grande tenacia, a tenere vive gli edifici fra le macerie sono state le donne e gli uomini che hanno reagito non solo al terremoto, ma al fallimento di un intero paese dinanzi a quel tragico evento, perché non è bastato l'impegno di molti:

> Se dovessi giudicare la Cgil dal sisma che ci ha colpito, direi che è stata fantastica – commenta Loretta Del Papa, sindacalista dello Spi Cgil e aquilana d'adozione da oltre quarant'anni – il giorno dopo sono arrivate braccia, soldi, camper, solidarietà concreta ed immediata. Ma non poteva certo essere sufficiente solo l'impegno del sindacato e il lavoro da fare oggi è tantissimo; non sarà più una ricostruzione ma una vera e propria costruzione che, se non ci volesse così tanto tempo, sarebbe anche salutare.

La perseveranza di queste donne; la loro pacata ma decisa insistenza nel voler continuare a parlare, a nominare il dolore e lo spaesamento per aver perso molto, se non tutto; la maestria nel raccontare la loro versione dei fatti in modo non ideologico, la passione per tener viva la memoria: tutto questo è anche il frutto di una abituale vicinanza alla tessitura di relazioni propria dei femminismi. Le TerreMutate non sono certo state le uniche a denunciare l'illegalità, l'assenza della politica e di democrazia all'indomani del sisma, hanno collaborato spesso con le ragazze e i ragazzi del 3e32[158], nelle CaseMatte dell'ex ospedale psichiatrico di Collemaggio, così come alcune di loro hanno contatti con gli altri comitati nati in questi anni, anche per ripulire la città con le carriole.

Le voci e i racconti delle TerreMutate mi rimangono in mente per giorni dopo averle sentite, c'è qualcosa di consueto che non afferro subito e solo dopo comprendo: nonostante non ci conosciamo intimamente, nonostante la distanza e la freddezza di alcune interviste telefoniche, riconosco nel loro linguaggio e nei loro modi di fare la nota femminista del partire da sé, una appartenenza comune per ripensare la convivenza, per gettare ponti fra le rovine, per ricostruire senza cancellare le tracce e far parlare quel che rimane[159].
Ma c'è anche l'empatia e l'affetto che molte donne nutrono verso chi è ferito e la capacità di badare all'essenziale, perché eventi come il terremoto mettono in primo piano le cose più importanti di cui abbiamo bisogno, non si perde troppo tempo a discutere sui massimi sistemi, o almeno alcune evitano di farlo. Racconta Nicoletta:

> Quando vado in giro per la staffetta degli incontri, le ospiti sono squisite, l'accoglienza è ricca di tanti particolari che solo noi donne cogliamo: per fare un esempio, il letto rifatto con le lenzuola della nonna, che poi a doverle stirare ci vuole mezza giornata. Quasi fosse una forma di risarcimento in coccole.

Ça va sans dire, anche per le TerreMutate non è tutto rose e fiori, basti citare la polemica pubblica con Luisa Muraro, esponente di spicco della Libreria delle donne di Milano, che nel 2012 scrive:

> Era nelle possibilità degli abitanti dell'Aquila impedire al capo del governo di fare della loro sventurata città la cornice massmediatica

---

158   Info su http://www.3e32.org/. Vedi anche capitolo 10.
159   Cfr. P. Di Cori, *Asincronie del femminismo. Scritti 1986-2011*, Edizioni Ets, Pisa 2012.

per la sua autopromozione. Sette volte il capo del governo è andato impunemente a fare passerella nella città distrutta dal terremoto. Se lo avessero mandato indietro a fischi e sassate, come si meritava, come si usava una volta, come chiedevano i loro morti, quelli uccisi dal crollo di edifici pubblici taroccati, nessuna polizia avrebbe osato picchiarli e arrestarli. E il loro centro storico, chissà, non sarebbe più il mucchio di macerie transennate che continua a essere[160].

Sì certo potevano farlo, ma forse era necessario che accanto a loro ci fossero state più donne e uomini da tutta Italia? Scriverlo stando a tavolino e a distanza di tre anni, hanno ribattuto le TerreMutate, non aiuta a comprendere la complessità e la difficoltà della loro esperienza[161]. Ma se con le femministe storiche c'è stato comunque un confronto, anche nella diversità di opinioni, più difficile è il rapporto con le donne più giovani.

Forse abbiamo modalità non accoglienti rispetto alle più piccole – riflette Valentina facendo autocritica – parliamo tanto, diventiamo pesanti, abbiamo tanto belle idee e poi fatichiamo a metterle in pratica. Senza dubbio c'è lo spavento che provoca la parola "femminismo" tanto più se è accostata a "politica". Ho notato, anche prima del terremoto, che molte giovani studentesse vengono al Centro antiviolenza per fare formazione o una esperienza di lavoro, ma non vivono tutto questo come progetto politico di cambiamento per loro e per le altre.

Loretta è più tranchant: «Diciamo anche che abbiamo viziato le nuove generazioni, non sono abituate alla fatica, a lavorare per ottenere le cose. Per fortuna ci sono delle giovanissime impegnate e lo fanno con grande entusiasmo».
TerreMutate resta dunque una esperienza di donne adulte che non si

---

160   Cfr. L. Muraro, *Dio è violent*, Nottetempo, Roma 2012, p. 36.

161   Vedi http://www.donnealtri.it/2012/08/laquila-tre-anni-tra-insistere-e-resistere/.

sottraggono alla critica e si chiedono: dove vanno le più giovani? Quali luoghi preferiscono? Perché non riusciamo a parlare anche con loro? Senza dubbio avere uno spazio comune potrebbe facilitare l'incontro, per questo le aquilane hanno fatto già da tempo una richiesta precisa: «Una casa delle donne nel centro storico distrutto – o nelle sue vicinanze – per tornare ad abitare un luogo di pratica femminista, allargando il cerchio alle donne TerreMutate di tutta Italia».
Non è un desiderio impossibile, a volerlo fare si potrebbe esaudire in tempi brevi, ma è necessario – come già scriveva nel 2011 su Leggendaria Lidia Campagnano – che si prenda sul serio la loro richiesta:

> Forse assumendosi il rischio di interpretarla in vari modi. Per esempio: quali suggerimenti per l'impresa di ricostruirsi come soggetti (pensanti, amanti, creativi, solidali, sessuati, genitoriali, professionali, POLITICI) sullo sfondo di una città che sta svanendo? Come sperare senza illudersi, costruire senza devastare, distruggere senza falsificare… come essere queste donne *mutate*? Come esserlo insieme. Perché se è vero che L'Aquila vive un concentrato di disastri italiani, allora anche le donne (e gli uomini) che non vivono all'Aquila devono sentire la perdita di questa città come una voragine, interna quanto esterna a sé. E perciò il problema di un mutare (non solo pelle, qualcosa di più profondo), di un essere donne mutate, un'altra volta ancora, possiamo condividerlo.

Le amministrazioni locali sino ad ora non si sono spese più di tanto e al momento in cui scrivo è tutto fermo. Nel frattempo le donne aquilane continuano le "staffette" in tutta Italia e si pensa di replicare nel 2015 gli incontri nazionali del 2011 e 2013.
Magari per allora ci sarà la Casa delle donne dell'Aquila. E con le TerreMutate si potrà insieme vagheggiare su un'Italia e un mondo in cui i paradigmi del patriarcato, che stanno portando alla rovina globale e distruggendo tutte le risorse della terra, vengano sovvertiti da una profonda, pacifica rivoluzione che metta al centro lo stare al mondo delle donne. Una casa per tutte, per resistere oggi ed esistere domani.

Capitolo 15
2011
Sì, siamo femministe

«Le persone istupidiscono all'ingrosso,
e rinsaviscono al dettaglio»[162].
Wislawa Szymborska[163]

Il femminismo degli anni '70 – prima di essere, o meglio proprio per poter essere il movimento politico che è stato – è passato per un processo fondamentale, che è stata l'autocoscienza, ossia la presa di coscienza, da parte delle donne, di se stesse, del loro corpo, della loro esistenza. In questo senso il personale era politico: perché prima di tutto era necessario che le donne comprendessero che i loro problemi non erano soltanto i loro, non erano cioè problemi individuali, ma avevano piuttosto una forte rilevanza politica in quanto problemi di tutte le donne, problemi di genere. Oggi la situazione delle donne, la loro vita, il rapporto con il corpo sono completamente cambiati, perché è cambiato il mondo, è cambiata la nostra società, è cambiato il modo di lavorare ed è cambiato il rapporto tra i sessi: questo non significa certo che le questioni legate alla vita delle donne e al loro ruolo nella società siano risolte. È necessario, tuttavia, passare ancora per quel processo di presa di coscienza che negli anni '70 ha fatto sorgere e ha nutrito l'ondata dei movimenti femministi. Non abbiamo più bisogno di odiare gli uomini, certamente, ma altrettanto certamente abbiamo bisogno

---

162   È la citazione messa in esergo del blog di Femminile plurale.

163   Wisława Szymborska (1923-2012), poetessa e saggista polacca, premio Nobel per la letteratura nel 1996.

di diventare consapevoli del fatto che il nostro personale, ancora una volta, ha una forte e irrinunciabile valenza politica: è necessario, tanto per cominciare, diventare consapevoli dell'immenso e potente giogo che la dittatura della bellezza impone sulla libera espressione di noi stesse, sul tempo a nostra disposizione, sulle nostre scelte quotidiane, sul modo in cui ci poniamo nei confronti degli altri. L'ossessione per la bellezza – ma usare il termine bellezza ci mette su una strada che a sua volta non ci piace, perché la bellezza è qualcosa a cui non vogliamo rinunciare, perché è una componente importante della nostra vita, e un diritto – e soprattutto l'imposizione di un unico, specifico modello di bellezza, impedisce di sviluppare un proprio gusto, un proprio modo di essere, impone un'idea di perfezione irraggiungibile che fa sentire costantemente inadeguate (e sempre più spesso inadeguati), conduce a investire moltissimo tempo nella missione impossibile di adeguarvisi, sottraendolo ad altre attività, e ci pone in una relazione falsata con le persone che ci stanno intorno.

Ciò che però, a nostro avviso, rappresenta il pericolo peggiore, è che queste dinamiche mostrano una connessione molto stretta con la concezione della donna come di un oggetto – di volta in volta oggetto sessuale, decorativo ecc. ecc. E concepire una persona come un oggetto è il primo passo per non considerarla degna di rispetto e di considerazione nella sua interezza. [...] Un'azione politica collettiva ed efficace, secondo noi, richiede prima di tutto una presa di coscienza dei singoli rispetto alla loro situazione personale. Uscire dalla convinzione che la propria situazione sia "normale", o che i nostri problemi con il lavoro, con la mancanza di prospettive o di opportunità, con la violenza o con le pubblicità offensive riguardino solo noi, e farne un discorso politico di ordine generale.

Con queste parole[164]. in un incontro pubblico a Piombino, hanno illustrato il loro pensiero le donne di Femminile plurale[165], nome collettivo del blog tenuto da Chiara, Ilaria e Laura, trentenni che vivono fra il Veneto e Roma, compagne di università che insieme hanno intrapreso il loro percorso femminista con un lavoro continuo di scrittura sul web. Dal 2009 scrivono puntualmente su argomenti diversi, con uno stile non retorico, documentato, attento ai dettagli. Non hanno problemi a definirsi, oggi, femministe.

Nel *mare magnum* della rete è un blog su cui vale la pena fermarsi, per approfondire e anche per dibattere, perché le ideatrici intendono portare avanti

> un percorso politico condiviso, di cui qui facciamo cronaca e analisi – scrivono nella presentazione – consideriamo fondamentale il contributo di chi ci legge e di chi ci scrive: i commenti di questo blog sono aperti per invitare alla discussione tutte e tutti.

Secondo le donne di Femminile plurale (Fp), nate e cresciute pochi anni prima del crollo del Muro di Berlino, dirsi femministe nel 2013 significa

> essere coscienti di vivere ancora in un sistema di dominio e di oppressione che penalizza *in primis* (ma non solo) le donne. Una società che a livello economico, sociale e culturale le costringe a ruoli limitati e offre modelli stereotipati e non liberi. Non solo, a partire

---

164   Brani tratti da una lunga relazione presentata al convegno *Corpi e ruoli di genere tra stereotipi e realtà*. Incontro organizzato da Libertà e giustizia a Piombino a maggio 2011.

165   Femminile Plurale è anche il nome di un'associazione nata a Vicenza nell'ottobre del 2009 da un gruppo di donne che «pur mantenendo i segni della loro origine dal movimento No Dal Molin (che si oppone alla costruzione della base militare Usa, *n.d.r.*) hanno voluto mettere al centro del loro desiderio la città, le relazioni che la rendono vitale, proponendosi di costruire un approccio differente alla politica, alla cultura, al mondo. Le donne dell'associazione, di provenienza diversa, si riconoscono nel pensiero della differenza e nella pratica politica della relazione, vogliono ripensare i modi per costruire una convivenza basata sul rispetto, sulla valorizzazione delle differenze e sulla dialettica fra le differenti posizioni».

da questa consapevolezza essere femministe significa assumere una posizione di resistenza contro questo sistema, con l'intento di modificarlo radicalmente per mezzo della propria vita e della pratica politica. Per noi essere femministe vuol dire riconoscere nella politica delle donne un senso alto del fare politica, coincidente con una serie di pratiche capaci di produrre quelle trasformazioni strutturali di cui il nostro tempo ha sempre più bisogno. Non possiamo delegare allo Stato un cambiamento "sistemico", giacché questo può prodursi non per il mero tramite di decisioni statali imposte dall'alto o da una struttura che appartiene in pieno al sistema che si vuole modificare. Il cambiamento si dà attraverso pratiche politiche capaci di generare nuovi modi dello stare insieme.

Per questo hanno sentito la necessità, dopo circa un anno di lavoro con il blog, di elaborare anche una sorta di manifesto dove indicano quelli che per loro sono i punti imprescindibili della politica delle donne:

– Imposizione di una regolamentazione delle pubblicità e dei programmi televisivi. Imporre la presenza maschile nelle pubblicità dei prodotti per la pulizia e la cura della casa: tanto per iniziare a pensare in modo diverso.
– Promozione di campagne pubbliche contro i disturbi alimentari, che includano la predisposizione di servizi sociali e sanitari capillari su tutto il territorio, un adeguato lavoro di educazione nelle scuole e in tutti i luoghi frequentati dai giovani.
– Dura lotta alla pratica delle dimissioni in bianco.
– Regolamentazione del lavoro precario: questo vale per uomini e donne, ma chiaramente queste ultime sono le più svantaggiate in termini di tutela della maternità, che anzi diventa un miraggio per la generazione delle attuali trentenni.
– Implementazione della rete degli asili nido pubblici: questione annosa ormai da anni, che occorre risolvere.
– Congedo parentale per entrambi i genitori.

– Adeguato sostegno sanitario e sociale alle disabilità.

– Ripristino e aumento sostanziale dei finanziamenti alla scuola per garantire tempo pieno e insegnanti di sostegno.

– Educazione sessuale in tutte le scuole, modifica della legge 40 sulla fecondazione assistita, piena applicazione della legge 194 sull'interruzione volontaria di gravidanza (garanzia della possibilità di ricorrere all'aborto, ed effettiva applicazione della parte relativa al sostegno alla maternità, ad esempio predisposizione dei famosi strumenti per "rimuovere gli ostacoli di natura economica") implementazione dell'uso della Ru486 (pillola abortiva), ampliamento e rafforzamento della rete dei consultori.

– Assunzione di misure contro la violenza sulle donne da parte dello Stato: centri anti-violenza finanziati con fondi pubblici, forme di supporto all'empowerment femminile e sostegno nell'accesso al lavoro per coloro che escono da situazioni familiari di violenza e sottomissione.

Sembrano cose già sentite, perché effettivamente sono decenni che i movimenti femministi battagliano su questo, la novità sta nell'assunzione di questi singoli punti come fondamentali per la pratica femminista del presente. Con altri gruppi della propria generazione Femminile Plurale condivide l'urgenza delle azioni concrete, del fare.

Il manifesto nasce da un'esigenza interna, quella di definirsi nel panorama femminista italiano e mettere nero su bianco quello che Fp sente come «imprescindibile rispetto all'essere femministe in una prospettiva radicale. Lo abbiamo pubblicato sul blog e abbiamo visto che molte giovani donne si riconoscevano in esso e nei punti che volevamo sottolineare».

Le donne di Fp non intendono però essere rinchiuse nella gabbia dell'età, lavorano e si confrontano con donne di diversa generazione, esprimendo spesso posizioni terze, cercando sempre una mediazione e un confronto.

Sono fra le organizzatrici e promotrici di Paestum 2013[166] e rispetto all'antica querelle sulla partecipazione o meno degli uomini affermano:

> La generazione cui apparteniamo teme che il separatismo sia una pratica vecchia e passata di moda. Anche quella a cui non apparteniamo teme lo stesso. Per entrambe sono in gioco tanti fattori, ma forse è uno quello che condividono: l'illusione che, includendo gli uomini, si possa in qualche modo "fare di più", compiere "un passo in avanti". Noi crediamo che non sia così. Non si tratta di scappare dal conflitto con gli uomini, né di cercare conforto nella piacevolezza dello stare tra donne. Bensì, muoviamo dall'idea che, se la rivoluzione femminista parte da sé, è rafforzando questa possibilità che si muove quel passo in avanti che stiamo cercando. Si è detto che è necessario assumersi la responsabilità – se vi sono le condizioni – di invitare gli uomini, ebbene noi non possiamo assumerci tale responsabilità perché non c'è la convinzione che tale inclusione possa essere proficua e arricchente, ma c'è piuttosto il timore di perdere parte della spinta radicale originaria tipica del discorso fra donne in uno dei (pochi) luoghi in cui esso avviene. La rivoluzione necessaria che parte da noi, e da luoghi come Paestum, a nostro avviso, non deve prevedere la partecipazione maschile, perché vogliamo che rimanga e che sia ancora un luogo simbolico e uno spazio di relazioni tra donne.

---

166   Nel 2012 un gruppo di femministe storiche promuove un incontro nazionale a Paestum dal titolo "Primum vivere anche nella crisi: la rivoluzione necessaria. La sfida femminista nel cuore della politica". Il luogo non è scelto a caso, già nel 1976 si era tenuto nella cittadina un convegno nazionale su "Corpo e sessualità". Nel 2013 si è riproposta l'iniziativa, con il titolo "Libera ergo sum: la rivoluzione necessaria. La sfida femminista nel cuore della politica" ma la seconda edizione è convocata da femministe più giovani. I due incontri di Paestum hanno richiamato in entrambi casi centinaia di donne e un gran dibattito (è online su http://paestum2012.wordpress.com/). Alcune che hanno partecipato alla prima edizione non sono tornate alla seconda, deluse dall'esperienza, altre hanno rilanciato, altre ancora hanno riportato a casa la delusione di "un'altra occasione perduta".
Su Paestum 2012, cfr. L. Cavaliere, L. Cigarini, *C'è una bella differenza. Un dialogo*, Et al edizioni, Milano 2013.

Sempre in relazione a Paestum, Fp ha messo a fuoco quello che ritiene essere un punto di debolezza dei femminismi italiani:

> La grande varietà dei punti di vista, delle impostazioni teoriche, degli approcci, alcuni affini a noi e altri molto lontani, se da un lato dimostra grande vitalità e ricchezza, dinamicità e vivacità, dall'altro rappresenta la difficoltà di trovare un orizzonte comune che, nella diversità delle pratiche, permetta il reale confronto e azioni collettive.

In questo senso Fp ha criticato il blitz di Femministe nove[167] (F9), collettivo salito sul palco con una lettura corale del proprio manifesto:

> Salire le scale, quando tutte le altre si confrontano alla pari, sullo stesso terreno, in mezzo alle altre e non sopra alle altre, è negazione della pratica femminista. È produrre una separazione che mentre pone delle distanze, nega la pluralità delle voci: suddivisione tra pubblico ed attori, cesura che mentre separa "unifica" le parti divise. Ma noi non vogliamo essere ridotte a pubblico, non vogliamo ridurci ad una voce unica, né ad un ascolto unico. Di questo sistema che ci ha oppresse per molto tempo non vogliamo salvare nulla. Le sue pratiche sono pratiche di oppressione, sono il contrario della libertà. Presupposto del femminismo è la "relazione": il porsi in relazione all'altra vuol dire rinunciare alla propria assolutezza, a qualunque forma di egocentrismo, alle comodità del protagonismo. Relazione vuol dire negazione dell'identità e dell'opposizione. Orizzontalità, pluralità, prossimità, presupposti primi della relazione sono ciò che rendono il femminismo quello che è: una pratica rivoluzionaria, una sfida concreta al cuore della politica[168].

---

167 Gruppo nato a cavallo fra il 2012 e il 2013, composto da donne fra i trenta e i quarant'anni, il cui motto è *Non siamo ereditiere… siamo precarie*! Vedi http://femministenove.wordpress.com/.

168 Vedi http://femminileplurale.wordpress.com/2013/10/12/paestum-2013-femministe-nove/.

Non ha torto Fp nel sottolineare che con l'egocentrismo e il prota-gonismo delle singole non si va da nessuna parte, dall'altro canto le Femministe nove rivendicano

l'azione forte e di rottura che abbiamo fatto a Paestum. I corpi par-lano. I nostri corpi hanno detto. Se Paestum è stata ostaggio di una performance, questo dà il senso del valore politico che Paestum si è data. [...] Noi eravamo a Paestum come collettivo, che piaccia o meno. La forza delle relazioni è nei corpi o non è. Questa è la prati-ca trasformativa che abbiamo scelto: andare nel mondo con la forza delle altre, con la potenza di quelle relazioni che hanno bisogno di corpi che si toccano, si scontrano, si riconoscono, (si) occupano[169].

Le donne di F9, nome ripreso dal numero del gruppo di lavoro in cui si sono incontrate a Paestum 2012, hanno posto al centro la questione della precarietà, riprendendo in mano il filo tessuto nella Flat del 2008[170] con la critica al valore del "lavoro in sé" e sottoline-ando dal palco che «fra lavoro a tempo determinato e a tempo inde-terminato, è scomparso il lavoro come tempo autodeterminato»[171]. Le F9 hanno parlato esprimendo un forte senso di autonomia an-che dalla sfera collettiva, non hanno firmato la lettera d'invito a Paestum 2013 e insistono sull'esserci in presenza con il corpo, altro punto su cui Femminile plurale ha voluto marcare la differenza: «L'argomentazione secondo cui non si può parlare di ciò che non si vive in prima persona conduce ad un "femminismo individualista" che rappresenta un ossimoro privo di senso».
È vero, si può parlare anche su ciò di cui non si ha esperienza, ma senza farlo a nome di altre e senza cadere nell'assolutismo delle pro-prie posizioni.

---

169   Vedi http://femministenove.wordpress.com/2013/10/23/ in-tutto-il-mondo-siamo-sempre-in-piu-di-due/.

170   Si veda il cap. 9.

171   Vedi http://femministenove.wordpress.com.

La distanza che si registra fra gruppi di quasi coetanee diminuisce nel commento di Emma Baeri, palermitana di nascita e catanese da tutta la vita, ricercatrice di storia moderna in pensione e figura di rilievo del femminismo degli anni Settanta, oggi impegnata in un costante dialogo con le più giovani attraverso le attività del gruppo "Le Voltapagina".

Racconta Emma:

> Ho goduto e apprezzato entrambi i recenti incontri di Paestum, nel 2013 ho scelto di stare nel gruppo "Pratiche di autodeterminazione. Corpi e sessualità" curato dal collettivo AlterEva di Torino[172]: un'esperienza entusiasmante. Da anni non mi sentivo così libera, allegra, felice in un gruppo di donne. Non condivido le critiche al collettivo F9. Penso che ogni donna, ogni gruppo, ogni "generazione" – parola insidiosa, generica, indifferenziata, che pure è stata usata e alla quale bisognerebbe almeno accostare l'aggettivo "politica" – debba godere della massima libertà di espressione, di azione, di trasgressione, anche fino al tradimento: è questo l'evento femminista di ogni soggettività imprevista, che sia una o molte, purché questo avvenga in purità di cuore, con autenticità, per dirla con Carla Lonzi, e, se è possibile, con parole ironiche, irridenti, festanti, utopiche. Confesso di avvertire un certo disagio rispetto all'uso di linguaggi troppo astratti, anche quando chi parla o scrive si dice femminista. Forse anche io faccio questo errore e non me ne accorgo, forse ogni stagione politica

---

172   Collettivo misto, nato da studenti e studentesse che hanno partecipato al movimento di protesta dell'Onda nell'autunno del 2008. Sul loro sito, http://altereva.org/, si legge: «Crediamo che un punto di vista di genere sia un elemento necessario di crescita. Vogliamo quindi riappropriarci di spazi di dibattito e condivisione e, per questo, riteniamo fondamentale che le nostre rivendicazioni non rimangano confinate in poche isole felici, ma che invadano e pervadano l'intera società. Non siamo un gruppo che mira all'estinzione del "maschio", né moraliste che pongono veti ipocriti sulla sessualità, né il club del pettegolezzo con thè, chiacchiere e pasticcini, anche se la convivialità e il cibo sono elementi fondamentali delle nostre riunioni. Parlare di tematiche di genere vuol dire parlare di identità, sessualità, ruoli, storia, rapporti tra i generi, stereotipi, omosessualità, potere, società, discriminazioni, parlare di donne e uomini».

ha i suoi vocaboli, ma sento sempre più forte il bisogno di parole
che dicano la vita quotidiana, i desideri, i piaceri, le paure, i bisogni, semplicemente. Forse questo per me significa "invecchiare",
cogliere sempre più da vicino il senso della vita, le sue ragioni, le
sue emozioni.

Più che la distanza fra chi fa volantinaggio al mercato e chi disqui-
sisce di governance o fra astrazioni e materialismi, l'occhio esterno
ha colto nel dibattito post-Paestum la problematica fra collettività
e singole, accompagnata da quel piacere della diatriba anche un
po' fine a se stessa, del contrappunto di sottofondo e da quell'arte
del polemizzare – per dirlo con le parole di Angela Putino[173] – che
può provocare allontanamento. Nell'incontro nazionale promosso
a Bologna nel dicembre 2013 per fare un bilancio su Paestum,
Paola Zaretti, psicanalista e attivista, dopo aver ricordato che il
numero delle partecipanti all'edizione 2013 si è dimezzato rispetto all'incontro dell'anno precedente, afferma:

> Credo che la piega-piaga presa da Paestum 2013 si sia dilatata
> proprio per la direzione presa: quella dell'apparire, del conta-
> re, del vincere, del farsi in quattro, dieci e mille pezzi pur di
> emergere – basti pensare, a questo proposito, all'improvviso
> scindersi del gruppo promotore, inizialmente unito cui era sta-
> ta affidata la gestione del convegno, in tre gruppi distinti con-
> tro le F9, basti pensare al desiderio egemonico successivamente
> messo in atto da uno di questi gruppi, sfociato nel convegno
> che proprio oggi si tiene qui a Bologna in una non casuale
> concomitanza con questo nostro incontro, annunciato per ben
> due volte nel blog.

---

173   Angela Putino (1946-2007), filosofa e femminista napoletana di grande spessore,
appassionata nella vita e nel lavoro, ha scritto, fra l'altro, *Amiche mie isteriche* (Cronopio, Napoli 1998) una brillante critica al femminismo della differenza degli anni Novanta in Italia.

Senza entrare nel merito, l'intervento di Zaretti fotografa un tasto dolente dei femminismi recenti: la discreta capacità di scindersi e frammentarsi, dividersi in tante iniziative.

Molte occasioni mancate, per vivere la differenza come messa in gioco del molteplice che tanto piaceva a Putino.

Capitolo 16
2012
Lo sguardo ecofemminista sulla terra

«Il pensiero queer ecovegfemminista si sta muovendo e produce
riflessioni sul sessismo, sullo specismo, sul razzismo.
Il sessismo è presente anche all'interno degli ambienti animalisti,
lo specismo è espresso anche nei movimenti radicali e antagonisti,
il razzismo è la frontiera inesplorata nell'antispecismo».

Anguane[174]

Nel Duemila ero a Trieste per finire alcune ricerche per la tesi di
laurea, accolta da Assunta Signorelli nelle stanze dell'ex manicomio:
lì ho scoperto cosa significa "farsi regina"[175] della propria vita, ma
ancora non conoscevo le Dumbles – Grup di ricerche feminis furlanis libertaris, collettivo femminista friulano che dal lontano '92
si occupa, fra l'altro, di ecofemminismi e mappe concettuali per
orientarsi fuori e dentro la rete Internet. Il mio incontro con loro

---

174   Il collettivo Anguane l'ho scoperto per caso nel 2012 navigando in rete e mi ha
molto incuriosito. Il nome del gruppo è quello delle creature mitologiche legate all'acqua,
una sorta di ninfe della mitologia alpina. Sono particolarmente note in Friuli, dove esistono
molte leggende. Creature misteriose, un po' come il collettivo con il loro nome, attivo dal
2011 tra Veneto, Lombardia e Toscana. Fa parte di vari movimenti e gruppi politici tra cui
il Sommovimento NazioAnale (vedi cap. 13), Anet - Antispecismo.net (un contenitore blog
di varie realtà e singol* antispecist*), AdaLab (un laboratorio hacker queer di Vicenza), il
Circolo Pink (storico collettivo lgbt di Verona) e Villa Vegan (uno spazio occupato a Milano
attivo sul versante della liberazione animale, umana e della terra). Nel 2013 hanno realizzato
il 1° incontro di Liberazione GenerAle a Firenze, con l'intento di mettere insieme le esigenze e
le esperienze del mondo animalista/antispecista, lgbtqi, ecofemminista. Vedi https://anguane.
noblogs.org/.

175   Assunta Signorelli, napoletana, è psichiatra, ha lavorato con Franco Basaglia e
ha scritto molto su psichiatria e differenza di genere, *Fatevi Regine* è il titolo di un volume
miscellaneo, pubblicato da Sensibili alle foglie nel 1996, che a partire dai materiali del corso
di formazione "Donne-psichiatria. La qualità della risposta nei servizi", tenuto a Trieste tra il
1994 e il 1995, offre spunti interessanti sul rapporto fra donne, psichiatria, femminismi.

è stato del tutto virtuale, una fonte preziosa per approfondire le questioni sui rapporti fra femminismo ed ecologia, ambientalismo e animalismo[176].

Sul loro blog si presentano così:

DUMLES: antica parola friulana che significa "giovani donne" nella lingua dei luoghi in cui siamo nate. FURLANIS, quindi, come premessa alla nostra identità; antica, ma contaminata, mixata, imbastartida, evoluta... per mano nostra... non colonizzata, non negata.

Ci siamo incontrate nel '92, in continuità con un'esperienza già iniziata dal Collettivo femminista friulano ('85-'86), per produrre il nostro primo volantino *Le lingue della conquista, le lingue della diversità* in occasione delle iniziative contro le colombiadi[177].

Quella volta si comunicava con i volantini, i dossier, gli stampati, le fanzine...; l'in-formazione passava per via diretta, di mano in mano, direttamente nel territorio in cui si viveva e si agiva. Poi, nel 2001, è venuto il web. Ci siamo entrate come Ecofemminismo (dentro Ecologia sociale, un sito in html, di cui, alcune di noi, hanno condiviso la nascita, il paradigma e la progressione) per dare forma, profondità, plasticità, a quel pensiero ipertestuale, a quella visione del mondo, che già da anni permeava i nostri cervelli e le nostre sensibilità.

Nel 2009 abbiamo optato per il php e, come quasi tutti i siti di movimento, ci siamo trasformate in blog; più facile, più veloce, ma anche più omologato.

---

176   A tal proposito, cfr. i lavori di Greta Gaart, sulle connessioni fra queer ed ecofemminismo e Janet Biehl, anarchica e teorica dell'ecologia sociale. Nel 2012 esce il numero monografico dedicato all'ecofemminismo della rivista «Dep – Deportate esuli profughe», n. 20, luglio 2012, Università Ca' Foscari di Venezia, online su http://www.unive.it/nqcontent. cfm?a_id=137950. Sul rapporto fra ruolo femminile e ambiente anche il prezioso lavoro di Laura Conti (1921-1993), partigiana, ambientalista, medico e politica italiana, fu tra le prime a ragionare in Italia sui problemi dello sviluppo, dei limiti delle risorse, del rapporto tra sviluppo industriale e conservazione della natura.

177   Celebrazioni e iniziative culturali organizzate in Europa, in particolare in Italia e Spagna, nel 1992 in occasione del cinquecentenario della scoperta dell'America da parte di Cristoforo Colombo.

In vent'anni, tra reale e virtuale, attraverso pratiche libertarie, autogestionarie, antisessiste, antifasciste, come parte attiva nelle occupazioni e nei comitati di difesa ambientale, abbiamo cercato di ripensare il mondo e di costruire la nostra mappa ecofemminista.

Gruppo di ricerca... per uscire dalle logiche di dominio, di un sesso sull'altro, dell'uomo sulla natura, degli stati sui popoli, della scienza sui corpi... Tramare vie di lotta e di fuga... per autodeterminare, sperimentando, pratiche di libertà e realtà possibili... dentro l'insieme delle relazioni ecologiche del vivente.

Nel 2012 le Dumblies aggiungono un commento sul passaggio dal reale al virtuale, tenendo ferma l'idea che l'analisi femminista possa fornire gli spunti teorici, ma anche le modalità, per un approccio realmente ecologico alla vita:

> Nonostante lo stare in rete sia ormai un dato di fatto, ci chiediamo ancora che senso ha, per noi, esistere dentro la rete: interagire, studiare, pensare, giocare, fare... fare politica. E come gruppo politico prendiamo atto che, ormai, si esiste politicamente, solamente se si esiste anche virtualmente, se si ha un minimo di visibilità in rete...
> È vero che si può fare in rete ciò che non si riesce a fare nella realtà, ma è ancor più vero che il fine ultimo dello stare in rete è (almeno nei nostri intenti) fare meglio e in modo potenziato ciò che già si fa o si andrà a fare nella realtà.

Stare dentro la realtà, anche per evitare lo squilibrio ecologico che causa disastri ambientali e umani, è fra i "compiti" di un altro friulano dal nome noto, Danilo Dolci – sociologo, poeta, pacifista ed ecologista, attivista nonviolento[178] – che negli anni Cinquanta dal Friuli si trasferisce nella Sicilia occidentale, a Trappeto, un piccolo

---

178   Sulla nonviolenza vedi nota 3 dell'introduzione al volume. Per un profilo bio-bibliografico di Danilo Dolci rimando a http://danielebarbieri.wordpress.com/2013/12/29/scor-data-30-dicembre-1997/.

comune fra Palermo e Trapani in cui trova la miseria e la mafia. In poco tempo il "Ghandi italiano", al pari di Aldo Capitini, promuove lotte nonviolente contro la criminalità organizzata, digiuna per i diritti e il lavoro, apre l'università popolare e un centro educativo per bambine e bambini, organizza gli "scioperi" alla rovescia, ossia anziché l'astensione dal lavoro di chi lo ha, far lavorare i disoccupati. Dolci non esitava a dire:

> A chi obietta che finora nella storia non sono stati possibili cambiamenti strutturali con metodi nonviolenti, che non sono esistite rivoluzioni nonviolente, occorre rispondere con nuove sperimentazioni per cui sia evidente che quanto ancora non è esistito in modo compiuto, può esistere. Occorre promuovere una nuova storia.[179]

Sessant'anni dopo il suo arrivo a Trappeto, dall'altra parte dell'isola, a Catania, nell'estate 2012 c'è qualcosa di nuovo che in pochi raccontano: viene organizzato il primo Queer Veggie Pride, definito dal collettivo promotore IbrideVoci[180] come la prima festa dell'orgoglio gay/lesbo/trans "antispecista", ossia di chi ritiene – al contrario dei sostenitori dello specismo – che le capacità di provare emozioni (sia nel piacere che nel dolore), di avere relazioni con l'esterno, socializzare e manifestare una volontà, non siano prerogative solo della specie umana, ma di tutti gli esseri viventi[181].
Scrivono le IbrideVoci nel loro manifesto:

Con la consapevolezza del "potere della parola", intendiamo contribuire a costruire linguaggi differenti, voci ibride che mettano in discussione

---

179   Cfr. D. Dolci, *Non sentite l'odore del fumo?*, Laterza, Bari 1971.

180   Vedi http://circolocittafutura.blogspot.it/p/ibridevoci-collettivo-lgbtq.html.

181   A riguardo segnalo Asinus Novus, "spazio interdisciplinare di ricerca sull'antispecismo. Un progetto culturale sulle forme di liberazione, la prima rivista italiana di 'Animal Studies', le notizie dal mondo dell'attivismo e, soprattutto, Altro". Vedi http://asinusnovus.wordpress.com.

la parola del potere; un "potere malato", come diceva Danilo Dolci, un potere omologante, intrinsecamente violento nella sua continua opera di semplificazione e di reductio ad unum della complessità e delle differenze del reale; un potere patriarcale fondato, come fa notare la critica afroamaericana bell hooks, sulla "capacità maschile di stabilire un dominio politico equivalente al dominio sessuale". Alla violenza della parola e delle pratiche dominanti vogliamo opporre l'alterità delle nostre soggettività desideranti e l'irriducibilità dei nostri corpi, contro le logiche perverse di un capitalismo che trasforma ogni corpo in merce, come accade a centinaia di donne e uomini migranti, deportati e privati di ogni dignità umana, e come accade con i corpi degli animali non umani, sfruttati, deanimalizzati e reificati, trasformati dal mercato globale in prodotto di consumo senza identità.

A pochi chilometri da Catania, nella campagna di Acireale, vive da dieci anni Sara Catania Fichera, vegetariana da trent'anni e animalista che, in barba alla mancata legge sul cognome materno[182], usa da tempo entrambi i cognomi in rigoroso ordine alfabetico. La madre, insegnante, è stata per lei un esempio di donna emancipata ed evoluta, ha educato lei e il fratello smantellando ruoli e stereotipi di genere, con un semplice slogan "la casa è di tutti noi e quindi tutti noi dobbiamo prendercene cura".
Con Sara ci siamo incontrate la prima volta nel 2002 ad un seminario a Milano alla Libera Università delle Donne[183], lei poco più grande di me e meno intimorita dalle "grandi", poi ci siamo perse di vista e di nuovo ritrovate, anche grazie alla rete e ai social network.

---

182   A inizio 2014 la Corte europea dei diritti umani di Strasburgo ha condannato l'Italia per la mancanza di norme in materia di cognome materno e, in seguito al ricorso di una coppia di genitori italiani, ha stabilito che si ha il diritto di dare ai propri figli anche il solo cognome della madre.

183   L'associazione per una Libera Università delle Donne, nasce nel 1987 a Milano, «frutto di un'intensa e proficua relazione tra alcune femministe che avevano insegnato nei corsi di centocinquanta ore per sole donne, e alcune donne appartenenti al vasto movimento di quegli anni, che, nei centri-donna, nei consultori per la salute della donna, nelle biblioteche di zona, aveva dato vita a momenti permanenti e autonomi di riflessione e attività». Vedi http://www.universitadelledonne.it.

Convive con il compagno, due cani e due gatti trovatelli; di professione è architetta, precaria come tante di noi ed essere femminista per lei è «un modo di vivere e di abitare il mondo». È tornata in Sicilia, dopo aver studiato prima a Venezia e poi a Milano[184], per avere una qualità migliore nella vita e nel lavoro. La pratica femminista ha influenzato il suo sguardo, il suo modo di pensare gli spazi, tenendo conto anche del senso del limite:

Ho acquisito metodi e pratiche sconosciute ad altri colleghi, quel famoso "occhio in più" di cui tante fra noi parlano – racconta Sara – perché se alcuni aspetti sono visibili allo sguardo tecnico e attento anche maschile, compresi i riferimenti simbolici cui uno spazio o una forma può rimandare, sicuramente essere una donna consapevole e femminista mi regala competenze che non arrivano dallo studio e dai libri. L'attenzione alla relazione, non solo con la-il cliente, ma anche con le maestranze mi ha regalato grandi soddisfazioni in questi anni, come sentirmi dire dai muratori "Lei architetta è diversa dai suoi colleghi, lei è umana", considerando che normalmente in cantiere il mio ruolo è di potere, non è un commento da poco. Sicuramente il senso del limite è un ottimo punto di partenza, sia rispetto alle relazioni umane sia rispetto all'ambiente, perché influisce sui gesti e le parole che usiamo. Quando ho iniziato gli studi, ero convinta che esistesse un'intrinseca relazione fra spazio e abitare, oggi a distanza di quasi vent'anni, diremmo che lo spazio è

---

184   Dopo aver iniziato e poi lasciato Lettere alla Statale e Architettura a Venezia, si è laureata al Politecnico di Milano con il Gruppo Vanda, una comunità accademica femminile attiva nella Facoltà di Architettura dal 1990, costituita da alcune docenti e ricercatrici del Politecnico sull'onda dei woman's studies. La tesi di laurea *Luoghi politici e spazi urbani del movimento femminista catanese*, che è all'origine del rapporto affettivo, culturale e politico con Emma Baeri, è una ricerca in cui è messo in evidenza se e come l'abitare delle donne sia cambiato in seguito al movimento femminista degli anni Settanta. Senza dubbio il femminismo ha prodotto una rottura simbolica all'interno dell'idea stessa di casa attraverso l'uso politico dello spazio privato, perché nelle case che ha avuto luogo la pratica dell'autocoscienza. Allo stesso tempo si inaugura in quegli anni un uso nuovo degli spazi urbani da parte delle donne, che si riappropriano di strade e piazze della città con una libertà inusuale, che disegna i nuovi percorsi della socialità femminile.

"performativo" tanto quanto il linguaggio, perché nel momento in cui si dà contribuisce a creare e coltivare stereotipi di genere.

Sara, è dunque possibile coniugare femminismo ed ecologia?
Sì penso proprio di sì. Nel corso del tempo, ho elaborato un mio metodo progettuale che "a partire da me" definisco femminista. Dò moltissimo valore alla relazione con la/il cliente che cerco di tirare il più possibile dentro l'*iter* progettuale affinché mi contamini: una sorta di processo di "deculturizzazione", per citare Carla Lonzi[185]; mi metto in ascolto dell'altra sforzandomi di fare *tabula rasa* dentro di me. È un percorso faticoso e gioioso insieme, è necessario governare la possibile simbiosi con la cliente, tenendo sempre conto della differenza di ruolo e consapevole non è un'amica. La posta in gioco è per me alta, insieme alla committente posso dare forma e corpo ai suoi desideri e realizzare una casa su misura di chi la abiterà con agio e non con estraneità. Durante il mio percorso professionale ho continuato a cercare nessi. L'incontro con Vandana Shiva, attraverso la lettura, mi ha confermato pensieri acquisiti lavorando. Patriarcato e capitalismo ci conducono a una interpretazione dualistica del reale, portando avanti una logica di dominio e di sfruttamento dell'uno sull'altra, dell'umano sul non umano, dell'umano sull'ambiente naturale e artificiale. Penso che l'ecofemminismo sia fra i pensieri e le pratiche più inclusive che siano state elaborate perché lega nessi fra sessismo, razzismo, specismo e sfruttamento di risorse e ambiente. Consapevole di ciò, sia quando mi trovo a restaurare un edificio storico, sia quando devo ristrutturare un appartamento contemporaneo, mi muovo sempre con molta attenzione, proponendo intonaci e pitture ecologiche, o meglio naturali, per fare "respirare" il più possibile le pareti, per inquinare il meno possibile chi fra quelle

---

185   Carla Lonzi (1931-1982), scrittrice e critica d'arte, femminista e teorica dell'autocoscienza, fondatrice negli anni Settanta delle Edizioni di Rivolta femminile. Fra i suoi testi più letti c'è *Sputiamo su Hegel. La donna clitoridea e la donna vaginale e altri scritti*, Edizioni di Rivolta Femminile, Milano 1974.

pareti abita, e anche per contenere l'umidità e garantire la traspirazione (anche se per l'efficienza energetica e il contenimento termico sarebbe preferibile che anche le pareti fossero di pietra o in terra cruda; quindi sicuramente ho più libertà di azione quando lavoro su un edificio storico). Mi adopero per quanto possibile per contenere i costi del cliente (tutto a discapito della mia parcella ma per me è giusto così) e tutti gli inutili sprechi, propongo sempre di riusare mobili e oggetti di arredo, restaurandoli se sono antichi, o re-inventandoli, e se sono vintage o contemporanei, ri-funzionalizzandoli.

Sara ha partecipato negli anni Novanta al movimento della Pantera, che prese il via dall'università di Palermo, con il collettivo milanese misto Fuori Koma – R.o.s.po, Riscossa omosessuale studenti politecnico[186], un gruppo molto attivo che organizzò in quegli anni vari seminari e laboratori in collaborazione con alcuni docenti su "Spazio e sessualità":

> Eravamo giovani e fermamente convinti che avremmo cambiato il mondo a partire dallo smantellamento di ruoli e rigide identità sessuali, facendo irrompere il corpo nello spazio privato e pubblico, attraverso la teorizzazione di una sessualità fluida, (io parlavo di pansessualità, oggi diremmo queer) e la creazione di spazi confortevoli, icone di luoghi politici e affettivi altrettanto accoglienti – prosegue Sara – sembrò allora il punto di partenza più interessante. Così, per un certo periodo ci siamo mossi fra la Facoltà e i centri sociali autogestiti, perché ci interessava indagare le dinamiche di potere e la relazione fra i generi. Purtroppo questi luoghi non avevano nulla

---

186   Una parte del gruppo, fra cui Andrea, un caro amico e Saverio, il fratello di Sara, è tutt'oggi in rete, su www.geologika.org. È un blog per la divulgazione e condivisione della cultura della terra cruda tenuto in piedi da professionisti e cultori dell'architettura naturale, designer, artisti e artigiani, che hanno dato vita in diverse città d'Italia a laboratori nelle scuole, workshop nelle università, corsi di formazione, esperienze di autorecupero e autocostruzione, performance nelle strade e nelle piazze, costruendo con adulti e bambini manufatti e bassorilievi, sculture, edifici sperimentali e non, installazioni dal forte impatto visivo e totalmente biodegradabili.

di alternativo perché aggressività, prepotenza e dinamiche patriarcali spadroneggiavano fra Leocavallo e Conchetta. Ricordo ancora quelle che andavano ad abortire da sole, senza neanche dare ai loro fidanzati il fastidio di farsi accompagnare, come se la responsabilità dell'indesiderata gravidanza fosse tutta un problema femminile. Fra l'altro, considerata l'alta percentuale di omosessuali maschi nel gruppo, ricordo che si teorizzava molto sulla sessualità anale; già avevamo letto Mario Mieli e a noi appariva molto chiara l'evidenza che l'ano è di per sé "democratico", tutte e tutti noi ne possediamo uno, anche se forse in questi termini più che Mieli ne parla Beatriz Preciado, la filosofa spagnola contemporanea.

Poi arriva il 2001, il G8 a Genova, e Sara comincia a frequentare il Catania Social Forum[187], si ritrova a parlare con altre donne che provano lo stesso disagio nel fare politica in un contesto troppo segnato da logiche, modalità e linguaggio maschile. Allora si organizzano, e nel giro di qualche mese propongono un primo incontro politico in uno spazio pubblico della città dal titolo *Un mondo generizzato è possibile: generiamolo.*

Eravamo ambiziose e pensavamo di cominciare un dibattito allargato ad altre donne della città sulla futura legge 40 sulla procreazione medicalmente assistita, costruita tutta contro il corpo e la psiche delle donne – ricorda Sara – Questo non accadde ma creammo un gruppo che si chiamava "Altrabitare" perché condividevamo il desiderio d'inventare modalità e forme nuove per abitare il mondo, già a partire dallo stare fra di noi. Eravamo un gruppo di dieci donne stabili e poche altre in transito, eterogeneo

---

187   Dal 25 al 30 gennaio 2001 a Porto Alegre, in Brasile, si svolge il primo Social Forum mondiale, organizzato da molti gruppi coinvolti nei movimenti di alternativa alla globalizzazione. Oltre dodicimila persone provenienti da tutto il mondo parteciparono alla prima edizione e lanciarono lo slogan "Un altro mondo è possibile". In Italia in seguito si sviluppa il fenomeno dei social forum territoriali e si crea una rete di gruppi in tantissime città. A Firenze nel 2002 si è svolto il primo Forum sociale europeo.

per età, percorsi di vita, esperienze politiche e identità sessuali. I confronti fra noi furono accesi e appassionati, emergeva spesso in alcune l'esigenza del "fare", altre invece eravamo convinte che anche il pensare e il parlare fra di noi fosse un modo per "fare" e soprattutto che era necessario pensare a come e perché fare le cose. Avevamo grandi idee, pensavamo di recuperare un borgo abbandonato (uno di quelli costruiti durante la riforma agraria del periodo fascista: in provincia di Messina ce ne sono alcuni bellissimi), per dargli nuova vita attraverso un progetto partecipato e femminista, per cui ci siamo occupate di alimentazione sostenibile e di eco-femminismo.

Poi anche qui l'incantesimo si è rotto, a un certo punto il gruppo è scoppiato, troppi conflitti e troppo disfattismo, un'incapacità storica di lavorare su temi condivisi a partire da esperienze e aspirazioni diverse. Sara comincia a viaggiare per l'Italia, a seguire incontri e seminari, e nel 2003 a Roma, nel corso di un gruppo tematico su "Donne e città", incontra Silvia Macchi, architetta, e Maria Carla Barone, economista e ambientalista:

Ho cominciato con loro un'avventura molto diversa dalle precedenti, ossia ragionare e lavorare a distanza, on line, con donne che abitavano altrove – spiega Sara – abbiamo pensato ad un una sorta di autoinchiesta collettiva, un questionario sull'abitare delle donne[188]. Purtroppo nella mia città non ho trovato alcuna donna disponibile a rispondere, di nuovo lentamente sono stata rapita dalla mia vita privata e quotidiana e dal mio lavoro, sono riemersa da poco condividendo le iniziative del gruppo Le Voltapagina, nato all'indomani della grande manifestazione promossa da *Se non ora quando?* nel febbraio del 2011.

---

188   Tutto il progetto è consultabile online su http://www.tempiespazi.it.

Sono donne di diverse generazioni, che si incontrano ogni sabato pomeriggio presso la libreria Voltapagina di Catania. Qui Sara ha ritrovato vecchie amiche e compagne, una su tutte Emma Baeri, "storica femminista e femminista storica"[189], con cui Sara ha lavorato a *Inventari della memoria. L'esperienza del coordinamento per l'autodeterminazione della donna a Catania* (1980-1985)[190], come coautrice, e condividendone la cura, lavoro del quale Sara è molto orgogliosa.

La relazione fra Emma e Sara è la testimonianza di un rapporto fecondo fra femministe di diversa generazione, nessun affidamento o maternage, ma amicizia alla pari, stima e sostegno reciproci.

La scommessa di Le Voltapagina è riuscire, ancora una volta, a comunicare fra diverse nel rispetto l'una dell'altra. Hanno trovato una buona via d'uscita: quando non tutte sono d'accordo alla partecipazione o meno ad un evento, firmano con nomi e cognomi seguiti da *Alcune di Le Voltapagina*.

Sara commenta così questa decisione politica:

> Non si può dire che cerchiamo parole nuove e nuovi metodi se non ascoltiamo anche chi è altro da noi: anche questa è dividualità[191]. Il salto di qualità che dovremmo fare nei collettivi, e fra i vari gruppi, è esattamente questo: lavorare tutte insieme, grandi, "mezzane" come me, e giovani, su temi condivisi, a partire da esperienze diverse, lasciando la libertà alle altre e a se stesse di scegliere su cosa è più importante per ciascuna impegnarsi. Credo che il difetto di comunicazione non nasca dalla generazione anagrafica, piuttosto

---

189   Vedi cap. 15.

190   S.C. Fichera, E. Baeri, *Inventari della memoria. L'esperienza del coordinamento per l'autodeterminazione della donna a Catania (1980-1985)*, Franco Angeli Editore, Milano 2001.

191   Neologismo inventato da Emma Baeri per segnalare che «noi donne non siamo individue (etimologicamente, individuo = entità non divisibile, unità radicale del corpo, interezza) ma siamo dividue, e con questa dividualità lo statuto teorico e politico della democrazia moderna deve ancora fare i conti».

dal sistema duale di contrapposizione nel quale il patriarcato ci ha costrette: o con me o contro di me; ed è altrettanto importante sganciarsi dallo steccato dell'uni-versalità proponendo e praticando la poli-versalità, che è una concreta scelta di libertà.

Capitolo 17
2013
L'erotismo dei desideri compiuti

«Nella storia della lotta delle donne per la liberazione sessuale
alcune problematiche hanno sempre provocato
difficoltà di analisi e grandi imbarazzi.
Tra queste la più controversa
è indubbiamente quella sulla pornografia».
Lafra [192]

Nel 2005 esce per Venerea Edizioni la traduzione italiana di *Post-Porn modernist. Venticinque anni da puttana multimediale* di Annie Sprinkle, porno-attivista femminista statunitense, che racconta la sua turbolenta vita attraverso una sorta di manuale sessuale illustrato, pieno di storie, immagini, aneddoti, personaggi *sui generis*. Sono pagine che disorientano, forse imbarazzano, certamente incuriosiscono anche i lettori più timidi.

Annie, il cui vero nome è Ellen Steinberg, racconta la sua trasformazione da giovane un po' timorosa, nata a Philadelphia in una famiglia progressista, a donna spavalda che fa dell'attività sessuale la sua ragione di vita, ma anche l'emblema delle sue battaglie politiche per conquistare una liberazione totale sul piano della sessualità. Intraprende una carriera da attrice di film porno mainstream e pin up, poi – stanca di pellicole stereotipate e con uno sguardo essenzialmente maschile sul sesso – si reinventa come artista postporno. Fra le performance che l'hanno resa nota c'è "Public Cervix Announcement", in cui accoglie a gambe divaricate coloro che si avvicinano e li invita a celebrare il corpo femmi-

---

192   Blogger.

nile guardando con *speculum* e torcia dentro la sua cervice (collo dell'utero).

Con questa azione, Annie suggerisce uno sguardo originale e ripensa anche il contenuto pornografico, compie un gesto femminista attraverso il suo corpo e sceglie di sottrarsi alla sessualità imposta dai maschi.

Dopo la prostituzione, la pornografia è l'altro tema scottante nei luoghi di politica delle donne: da sempre alcune posizioni femministe sono per l'abolizione e censura, non vogliono dialogare neanche con chi utilizza gli strumenti della critica per dire che senza dubbio la maggioranza della pornografia commerciale è espressione della sessualità maschile, eterosessuale e mercificata, ma è possibile ripensarla in chiave femminista.

Altre ancora sostengono una posizione mediana: anche ammettendo l'eliminazione della pornografia, le donne resterebbero comunque sottorappresentate, politicamente e culturalmente marginali, perché il nodo resta ed è il tabù della sessualità, nelle sue tante e variegate sfaccettature.

Se alcune, soprattutto fra le femministe più âgée, nicchiano sul tema, per diverse trenta/quarantenni il postporno, oltre che essere dibattuto senza preconcetti, è anche sperimentato in prima persona. Per dirlo con le parole della blogger Lafra: "Perché ci piace? Perché scardina le dinamiche di genere, è insubordinazione, divertimento e desiderio. È la nostra rivoluzione sessuale".

Il lavoro di Sprinkle ha in qualche modo ispirato anche la porno performer Slavina[193], romana d'origine ma da anni vive a Barcellona. Slavina racconta che nei tardi anni Novanta:

> Trovai a casa di un fidanzato il mitico *Angry Women* (testo tradotto e edito in Italia dalla Shake nel 1997 col titolo *Meduse cyborg*. An-

---

193   Vedi malapecora.noblogs.org/.

tologia di donne arrabbiate), una raccolta di interviste a performer e artiste che hanno ridefinito completamente quella che era la mia idea di femminismo: in quello che avevo avuto la possibilità di frequentare, per una come me non c'era spazio. In quel testo incontrai donne straordinarie e diversissime, da Diamanda Galas a bell hooks a Valie Export, ma quella che amai a prima vista fu Annie, perché parlava di sesso in una maniera simpatica e demistificante e perché era la più pop di tutte.

L'anno di traduzione in italiano del testo di Annie coincide con l'inizio dell'interesse di Slavina per il postporno, un movimento che in questi ultimi tempi si è diffuso anche in Italia e che si è intrecciato con i femminismi che assumono l'ambivalenza della pornografia. Il postporno ha portato il sesso nello spazio pubblico rompendo con i tabù e le ipocrisie della società perbenista, ma, al tempo stesso, la maggior parte della produzione pornografica in commercio è essenzialmente lo specchio della società che mette a nudo e riproduce le medesime strutture di potere che vogliono l'uomo sopra e la donna sotto, in tutti i sensi.

Rispetto a questo tipo di industria, il postporno fa un passo avanti e può essere considerato parte del movimento femminista più radicale perché «vuole attuare una seconda rivoluzione: una pornografia che rappresenti il punto di vista delle donne ed esplori il desiderio femminile, contaminato, spurio e contraddittorio, legittimandolo in sé, senza pensarlo funzionale ad altri bisogni né collocandolo all'interno di una relazione per differenza. Il postporno rompe la separazione tra arte e politica, da un lato, tra arte e vita, dall'altro. Ironizza, modifica e si riappropria di scene stereotipiche e immagini colonizzate dal modello eterosessuale e patriarcale, per smascherarne la presunta naturalità. Il suo obiettivo è mostrare le radici culturali del piacere e del desiderio, nel fare questo realizza atti performativi che sono immediatamente politici. Sono anche atti che si collocano fuori dalla logica del profitto e della commercializzazione del sesso e che non possiamo ridurrre a performance artistiche, né a travestimenti ammiccanti. Sono rappresentazioni di desideri esiliati, abietti, invisibili e nonostante questo, o, forse, proprio per questo, simboli di corpi resistenti»[194].

Prosegue Slavina:

> Ho condotto il mio primo laboratorio di postpornografia alla Ladyfest romana del 2009[195] dopo aver partecipato ad altre esperienze tutte riconducibili alla ricerca e sperimentazione su corpo, sesso, genere e le loro rappresentazioni (ad esempio il Phag Off, la prima festa queer della capitale o il Pink Paint Party, la pratica del blocco rosa nelle manifestazioni e nella comunicazione "militante"[196]), ma è dall'esperienza con le Lady che il postporno è diventato uno strumento che sento mio, con il quale ho capito quanto la riappropriazione del corpo e della sessualità siano istanze femministe. Fin quando non sono arrivate Annie Sprinkle a dirmi che una "puttana" poteva essere femminista, Beatriz Preciado e le articolazioni teoriche del femminismo dei margini[197] mi sentivo un po' lontana dalla rigidità di quelle compagne che, anni prima, identificavo come le paladine dell'emancipazione. Solo con il postporno ho cominciato a sentirmi comoda nel definirmi femminista. In qualche modo, secondo me, il femminismo è stato lo spazio di discorso che ha reso possibile pensare la postpornografia, che però si è nutrita di tutte le derive più estremiste e radicali, ma anche di quelle più inclusive, del variegato pensiero femminista contemporaneo.

---

194   Cfr. Monica Pasquino, *Corpi in tilt. Sessualità, spazio pubblico e postporno*, Riflessioni a seguito del workshop di Tilt Camp tenutosi a Roseto degli Abruzzi il 1° settembre del 2011.

195   Vedi cap. 10.

196   Si riferisce alla manifestazione a Roma nel 2004 per contestare la visita di Bush, in cui il Pink Paint Party ha attraversato le vie della zona est della città, dalla Prenestina a Porta Maggiore.

197   Per il femminismo dei margini, rimando ai lavori, fra l'altro, di bell hooks, Angela Davis, Gloria Anzaldùa, Gayatri Spivak.

Slavina è fra le tante che pensano che non esista un solo femminismo:

> Ci sono diverse forme, anche in aperta contraddizione tra loro, di concepire l'emancipazione femminile. Io ho la consapevolezza di essere abbastanza radicale ma dalla mia radicalità non giudico le altre, e se riuscissimo tutte a fare questo passo probabilmente una piattaforma di consensi e rivendicazioni anche minime sarebbe immaginabile. Invece siamo state educate politicamente alla ricerca dell'egemonia e nessuna (neanche quelle che si professano radicali come me) riesce a vedere al di là delle sue "giuste" convinzioni, nemmeno quando si tratta di difendere dei principi generali. Per quanto mi riguarda non ha senso cercare di convincere altre femministe che il lavoro sessuale è lavoro (quindi a me personalmente fa schifo come qualsiasi altro lavoro) o dire a quelle che rivendicano la loro timidezza e/o riservatezza come un valore, che far diventare la sessualità un fatto pubblico e politico è gustoso, molto liberatorio e aiuta a costruire relazioni e connessioni interessanti. Sono passaggi che ognuna fa per sé, non servono tante elucubrazioni, a volte basta l'incontro con una prostituta vera per buttare giù un muro di puttanofobia, così come basta uscire da una rassicurante e opprimente relazione monogamica per scoprire che esiste tutto un mondo di piacere e bellezza fuori dai canoni etero/omonormali.

Il blog di Slavina è uno dei luoghi virtuali dove trovare materiali non solo sulle teorie postporno ma anche sugli eventi e iniziative fuori dall'Italia dove maggiore è la presenza di performer e attiviste[198]. Fra i testi tradotti e divulgati da Slavina anche il *Manifesto degli amori queer* di Coral Herrera Gòmez[199], scrittrice queer spagnola esperta di comunicazione audiovisiva, in cui, fra l'altro, leggiamo:

---

198   Vedi www.pornoguerrilla.com, www.rosariogallardo.com, http://pornoterrorismo.com, www.zarrabonheur.org/performer/.

199   Vedi http://malapecora.noblogs.org/post/2012/03/31/il-manifesto-degli-amori-queer/#more-1195.

– Gli e le amanti queer rifiutano la tirannia dell'orgasmo, espandono l'erotismo al corpo intero senza rimanere ancorati ai genitali, potenziando la sensibilità di tutte le parti, scoprendo nuovi percorsi nel sesso, più in là della ginnastica pornografica tradizionale.

– Gli amori queer non condividono gli aneliti di eternità né il trauma del divorzio, perché si godono le storie finché finiscono, felici di averle sentite e senza la sensazione d'aver perso nulla "per sempre".

– L'amore queer è bisex, trisex, e si estende fino all'infinito, non categorizza l'orientamento sessuale tradizionale (omo, etero, bisessuale) perché non definisce le relazioni come solo "cosa di due" né tantomeno divide l'umanità in due generi opposti (donne, uomini), vista la quantità di gradi di intensità che hanno le identità postmoderne e la quantità di maschere e performance teatrali che siamo capaci di mettere in atto in una stessa giornata.

– Gli amori queer includono anche le persone asessuali, i e le solitarie, i e le promiscue, chi é dipendente dal sesso e chi invece é inappetente, i freaks, gli strani e le strane, le minoranze di qualsiasi tipo, tutti quelli o quelle che hanno la curiosità di ampliare gli orizzonti della loro mente, del loro corpo, del loro sesso.

– L'amore queer crede che nessuna istituzione (né la Chiesa, né i ministeri, né lo Stato) deve continuare ad avere potere sulla vita intima delle persone, sulle sue relazioni sessuali e amorose, sulla sua vita riproduttiva, chi ama non ha bisogno di benedizioni, ma di libertà per andare e venire, amare e condividere, senza vincoli che convertano l'impegno in una prigione.

– Chi è queer non discrimina nessun@ per la sua altezza o bassezza, per la sua magrezza o obesità, né per le sue rughe, le sue imperfezioni, le sue deformazioni; l'amore queer si libera della tirannia della bellezza e del fascismo del culto al corpo.

L'amore queer non ha bisogno di grandi commenti, parla da solo, basta saperlo ascoltare.
Più difficile, in questi casi, è far arrivare la sua voce negli steccati della vita quotidiana, l'ultima domanda che faccio a Slavina riguarda proprio questo:

A tua figlia che ti chiede/chiederà che lavoro fai, cosa rispondi?
Se la questione riguarda il lavoro sessuale, ti rispondo che mi preoccupava più mia madre che mia figlia, ed è andata bene. Non mi rimprovera la scelta a livello ideologico ma economico (se fossi diventata infermiera avrei avuto – secondo lei – una stabilità economica che queste mie attività non mi danno). Al massimo mi fa delle battute quando le dico che ho l'influenza "e ti credo, stai sempre nuda!".
Per quanto riguarda mia figlia, cresce in un ambiente liberale, di amici e amiche che si baciano sulla bocca pur non avendo l'etichetta di "fidanzati", dove le si spiegano le cose della vita (quindi anche quelle del sesso) cercando di usare onestà, linguaggio appropriato ed empatia. Non voglio insegnarle paure o tabù, piuttosto il coraggio di tenere gli occhi aperti e di essere quello che ognuna è (anche se lei mi vorrebbe più "femminile" che femminista).
Ma il punto più problematico della tua domanda è che, in realtà, è veramente difficile capire che lavoro faccio. Ne faccio tanti e guadagno poco, ma preferisco quello che sento (e lo so) utile a molta gente, quindi direi che il problema più grosso è che il lavoro a volte mi allontana da mia figlia (sono spesso in giro), più che "non so come dirle che sono una pornoattivista".

Di erotismo, corpi, linguaggi, intrecci di genere, sessualità e potere si occupano anche i gruppi di Drag queen e Drag king[200] e nel giugno 2013 si è tenuta a Roma la prima Fem Conference italiana, per ragionare attorno alla percezione di alcune persone queer che identificano se stesse come "femminili".
In ambito internazionale[201] si parla di Fem power e Queer femininity: ma di che cosa parliamo precisamente? Senith di Eyes Wild

---

200   Drag queen in inglese indica gli attori o cantanti in prevalenza gay o transgender, che si esibiscono indossando abiti femminili e giocando sui ruoli di genere. Le donne che recitano in abiti maschili sono chiamate Drag king.

201   Vedi www.femme2012.com, www.femmeguild.com.

Drag, gruppo di performer "queer gender drag" attivo dal 2007, è fra le promotrici dell'iniziativa e spiega:

> La Queer femininity è un concetto che non è molto usato in Italia, così come l'idea di Fem (o femme). Essere Fem significa che indipendentemente dal mio genere biologico e dal mio orientamento sessuale, vivo, agisco, intervengo nel mondo incarnando il femminile e ricorrendo ad un'estetica iperfemminile dove ogni mio tacco, ogni mio trucco, ogni mio gesto, ogni mio comportamento, ogni spazio che occupo, ogni esaltazione della mia identità Fem è vissuta perché mi sento a mio agio in quel corpo.

Eppure, anche nel mondo Lgbtqi il femminile è stato spesso incarnato solo dai maschi che si travestivano o si sentivano femmine, esaltando o esagerando toni e comportamenti.

> Noi pensiamo che anche una donna possa invece sentirsi Fem, proprio rovesciando anche lo stereotipo che vuole le donne iperfemminili incapaci di pensare o di dire qualcosa di intelligente. Non si può separare l'essere Fem o Queer Fem dalla militanza e consapevolezza politica. Queer femininity è militanza femminista.

E le femministe che dicono?

> In alcuni casi sono spaventate, così come le eterosessuali che pensano che essere Fem sia una cosa che riguardi solo le lesbiche, altre ci accusano di voler riprodurre stereotipi di ruolo e genere, mentre noi intendiamo fare esattamente il contrario. Assoluto attraversamento dei generi, rivisitazione dei codici, uscita dalle gabbie biologiche. Un esempio su tutti: come donna biologica, vivo e agisco da donna, e nessuno batte ciglio, ma quando entro in scena con il mio personaggio che estremizza i codici di genere femminile sono presa per un maschio che si traveste da donna! C'è una resistenza enorme a scompaginare le carte sul tavolo.

Essere una Fem Queer, sostiene Senith, è difficile dappertutto ma

esserlo in Italia è un gesto sfrontato e rivoluzionario contro (e alla faccia) di una cultura nella quale l'ipervisibilità femminile è considerata al servizio del piacere del maschio bianco-etero. Quante volte per paura, contegno, buona educazione, abbiamo rifiutato abbigliamenti esagerati, condannato comportamenti assertivi, sputato su atteggiamenti fiduciosi, negato la debolezza, nascosto il desiderio: siamo diventate le femmine che volevano gli altri o che volevamo noi? Siamo cresciute per come era necessario o per come ci piaceva?

Fra le attività più recenti di Eyes Wild Drag anche dei laboratori con il gruppo di sole donne Linguaggi del corpo – Altrogenere, che attraverso la danza, il tango in particolare, lavora sull'identità, rivedendo gli schemi prestabiliti dalla tradizione. I ruoli di norma assegnati in base al genere cambiano in "chi porta", "chi segue", "leader" o "follower" (o entrambe le possibilità). Una ricerca che cerca di stare al passo con quello che già si fa all'estero con diversi Queer Tango già avviati da Londra a Berlino fino a Buenos Aires.

Il filo che accomuna queste esperienze non è solo la continua sperimentazione di pratiche per rovesciare i modelli imposti dalla società dominante, ma anche una riflessione più complessiva e generale che non si esaurisce solo all'ambito della sessualità.
Partire dal rispetto del desiderio reciproco nelle relazioni significa stare al mondo in un altro modo, immaginare diversamente i tempi di vita e del lavoro (e del non lavoro), pensare la politica come arte senza nulla togliere, anzi partecipando, alla battaglie di altr@: dai migranti ai No tav, dalla difesa della Costituzione alla richiesta di reddito e piena cittadinanza nel mondo globalizzato, dai diritti negati alle donne alla politica economica che sta facendo collassare il pianeta.
Eppure è proprio questa la scommessa più difficile da vincere: riuscire a comunicare con chi è più distante da questi percorsi, trovare

uno spazio di visibilità e riconoscimento che non riduca tutto a fenomeno da baraccone, o al peggio di pervertite.

Non bastano più le parole per dirci, non possiamo soltanto ascoltarci fra noi, è necessario – è stato sussurrato una volta in una riunione – trovare le parole per farci raccontare.

Capitolo 18
2013
Lo Sciopero delle donne

«Nella maggior parte delle culture,
a chi appartiene al gruppo degli uomini
si insegna la superiorità
su chi appartiene al gruppo delle donne
e su quei maschi che assumono sembianze
o comportamenti etichettati come "femminili".
Questa rigida separazione tra i sessi
con la prescrizione della subordinazione
del sesso femminile a quello maschile
è la radice della violenza che vogliamo chiamare ginocida».
Daniela Danna[202]

È un gioco abbastanza diffuso quello di dividere il mondo in due: buoni e cattivi, bianchi e neri, ottimisti e pessimisti, amici e nemici, vittime e carnefici. Si ha così l'illusione di rendere tutto più semplice, chiaro e autoevidente. Nella nota canzone *Destra Sinistra* della metà degli anni Novanta, Giorgio Gaber si diverte con gli stereotipi su chi è progressista e chi è conservatore: a rileggere oggi quel testo viene da pensare non solo che, in alcuni casi, i suoi esempi si sono capovolti ma che non è possibile leggere la realtà in maniera così schematica. Oggi più che mai siamo dinanzi a un confuso pasticcio

---

202   Ricercatrice in sociologia, fra le ideatrici di "XXD – rivista di varia donnità". XXD è un interessante esperimento editoriale nato nel 2010 da un collettivo di donne di diversa età, storia e professionalità. Il loro *Manifesto metafemminile – da femmine (XX) a donne (D)* e i numeri della rivista possono essere scaricati andando su http://www. xxdonne.net. L'idea nasce dalla "necessità di definirsi in rapporto alle prescrizioni di ruolo "femminile" e decidendo di dare vita a una nuova rivista, ispirata al femminismo e quindi a carattere politico".

da districare, uno di quei casi in cui è molto più facile complicare – parafrasando Bruno Munari, geniale artista-designer italiano del Novecento – che semplificare, perché per farlo dobbiamo sapere cosa togliere, come lo scultore dinanzi ad un masso di pietra.

Non è facile, ad esempio, interpretare fenomeni radicati nel profondo, che sfuggono a superficiali tentativi di classificazione e, allo stesso tempo, sono resi complicati dall'ignoranza e dalla mancanza di politiche capaci di assumersi la responsabilità delle loro cause. Fenomeni che, ancora una volta, l'analisi femminista ha spesso reso semplici alla comprensione di tutte e tutti: è il caso della violenza maschile sulle donne che – sostengono da sempre le femministe[203] – non è di destra né di sinistra, abbraccia tutti i possibili binomi, intreccia sessismo con razzismo e fascismo, riguarda i rapporti di potere fra donne e uomini di ogni colore, età, fede, provenienza, classe e istruzione, famiglie tradizionali e coppie di fatto, ricchi e poveri, supera tutti i confini e barriere, tranne la soglia sessista per cui perfino la vita delle donne ha meno valore di quella degli uomini.

Dovrebbe essere chiaro – e semplice – da capire. Non è così.

In molti, donne e uomini, si rifiutano di comprendere. Riducono la violenza maschile sulle donne a violenza tout court perché – sostengono – è insita naturalmente negli uomini e anche nelle donne. Ritengono che con tutti i problemi che abbiamo, il femminicidio[204] è l'ultima delle priorità (peccato che i costi sociali della violenza sulle donne equivalgono a più di una finanziaria[205]); pensano – anche con l'aiuto della narrazione mediatica – che, in fondo in fondo, lei un po' se l'è cercata e lui è crollato, ha dato di matto e dalle botte è passato al coltello, all'acido, all'arma da fuoco.

---

203   Vedi cap. 9.

204   Femminicidio è il termine che indica l'uccisione di una donna in quanto donna, solo da poco è stato maggiormente utilizzato dai media, anche a rischio di strumentalizzazioni, ed è diventato un termine noto anche all'opinione pubblica, non solo agli addetti ai lavori.

205   Cfr. *Quanto costa il silenzio?*, prima indagine nazionale sui costi economici e sociali della violenza contro le donne in Italia, realizzata a novembre 2013 da Intervita con il patrocinio del Dipartimento per le pari opportunità della presidenza del Consiglio dei ministri.

Povero Cristo, dicono, ha avuto un *raptus*, che non è in questo caso un "momento di ispirazione intensa e improvvisa, di fervore creativo", come recita il vocabolario Treccani spiegandone il significato letterale, ma è più vicino al termine utilizzato in psichiatria per indicare "impulso improvviso e incontrollato che, in conseguenza di un grave stato di tensione, spinge a comportamenti parossistici, per lo più violenti".

Abbiamo sempre pensato di essere normali, invece viviamo in un mondo di pazzi. Oppure di uomini deboli e confusi, che non reggono l'emancipazione delle loro compagne, mogli, sorelle. Ma è pericolosa anche questa analisi del maschio in crisi – purtroppo sostenuta anche da diverse donne – perché rischia di diventare un alibi per la violenza: le certezze che vogliono i maschi disorientati sono quelle della cultura patriarcale, non certo quelle che potrebbero derivare da un'educazione sentimentale differente e non sessista, che andrebbe insegnata fin dalla giovane età a maschi e femmine.

È questa cultura diffusa, che utilizza la patalogia a suo uso e consumo, a giustificare comportamenti apparentemente distanti: il commento volgare sull'autobus rivolto ad una ragazza; lo schiaffo dato per gelosia, sentimento legittimo che però non dovrebbe sfociare in nessun tipo di violenza, verbale o fisica che sia; l'impossibilità di avere assistenza per un aborto in un ospedale pubblico; la minaccia che arriva tramite msg perché lei è uscita senza chiedere il permesso al padre, al fratello, al marito; la mancata opportunità di accedere alle stesse mansioni a parità di salario di un collega uomo; le pressioni psicologiche per contrastare il desiderio di autonomia e autodeterminazione; il silenzio assenso di chi vede quello che succede dentro le mura domestiche ma non si intromette in quelli che ritiene essere affari altrui.

A fine maggio del 2013, dopo l'uccisione di una ragazza di sedici anni, prima accoltellata e poi bruciata viva dal suo fidanzato minorenne, mi sono chiesta, prima da sola e poi con due amiche, Tiziana

Dal Pra e Adriana Terzo[206], cosa altro era possibile fare oltre le analisi, i convegni, i cortei, i sit in, le discussioni nei collettivi, fra singole e in grandi plenarie.

Abbiamo riflettuto sul perché fosse così difficile comunicare la gravità dei ripetuti femminicidi nel nostro paese, su come modificare la percezione comune che vuole le donne sempre descritte come vittime e, in virtù di questo, anziché ripartire dal rapporto fra i sessi, si legifera su di noi come esseri incapaci di intendere e volere, imponendo tutele sulle donne e nessun serio ragionamento sulle cause e origini della violenza.

Serve una cosa semplice, comprensibile e realistica per tutte le donne – ci siamo dette – un gesto simbolicamente forte per fermare la cultura che alimenta la violenza, in tutte le sue forme.

Siamo state presuntuose? Probabile. Di sicuro, incapaci di rimanere ferme a guardare.

E cosa c'è di più semplice e difficile al tempo stesso che fermarsi?

Da qui l'idea, non certo originale ma non per questo meno spiazzante, e già proposta nei consessi femministi, alcune volte tentata e mai pienamente riuscita: è lo sciopero delle donne, inteso come fermo totale, sottrazione di tutto quel che diamo alla società.

L'ipotesi ci ha convinte e abbiamo diffuso un appello nel quale abbiamo chiesto a tutte le donne – delle istituzioni, del sindacato, dei movimenti, della società civile – di fare proprio questo gesto: fermarsi da tutte le innumerevoli attività che noi donne, multitasking *ante litteram*, facciamo quotidianamente, anche quando non ci viene esplicitamente richiesto.

E magari far sì che, per quel giorno, fossero gli uomini a farsi carico di tutto quello che normalmente non fanno.

A tutte: madri, sorelle, figlie, nonne, zie, compagne, amanti, mogli, operaie, commesse, maestre, infermiere, badanti, dirigenti, fornaie,

---

206   Tiziana è la presidente di Trama di Terre, vedi cap. 19; Adriana è una collega giornalista, vedi su www.scioperodelledonne.it.

dottoresse, farmaciste, studentesse, professoresse, ministre, contadine, sindacaliste, impiegate, scrittrici, attrici, giornaliste, registe, precarie, artiste, atlete, disoccupate, politiche, funzionarie, fisioterapiste, babysitter, veline, parlamentari, prostitute, autiste, cameriere, avvocate, segretarie.

Fermiamoci per ventiquattr'ore da tutto quello che normalmente facciamo. Proclamiamo uno sciopero generale delle donne che blocchi questo maledetto paese. Perché sia chiaro che senza di noi, noi donne, non si va da nessuna parte. Senza il rispetto per la nostra autodeterminazione e il nostro corpo non c'è società che tenga. Perché la rabbia e il dolore, lo sconforto e l'indignazione, la denuncia e la consapevolezza, hanno bisogno di un gesto forte.

Scioperiamo per noi e per tutte le donne che ogni giorno rischiano la loro vita. Per le donne che verranno, per gli uomini che staranno loro accanto[207].

A parte scegliere la data, 25 novembre[208], che non ha creato grossi problemi, mai iniziativa poteva rivelarsi, a dispetto dell'idea, così tanto complicata da realizzare; soprattutto, mai avremmo potuto pensare che le maggiori resistenze sarebbero arrivate da diverse anime dei femminismi italiani, per motivi vari, da questioni teoriche a sterile protagonismo.

La parola/azione scelta come slogan "Sciopero", immediata e chiara, ha indubbiamente un significato preciso: "astensione dal lavoro". Abbiamo voluto rafforzarne il senso, includendo nel lavoro anche quello riproduttivo e di cura[209], a tutt'oggi non pienamente ricono-

---

207   Il testo completo dell'appello è su www.scioperodelledonne.it.

208   Il 25 novembre è la data proclamata dall'Onu Giornata internazionale per l'eliminazione della violenza sulle donne. Una data storica, per ricordare le tre sorelle Mirabal, attiviste della Repubblica Dominicana, assassinate il 25 novembre 1961 perché si opponevano al regime dittatoriale del loro paese.

209   Scrive il laboratorio Smaschieramenti di Bologna a proposito di queste modalità di azione politica: «Negli scioperi generalizzati di quest'ultimo anno, soprattutto in Spagna, abbiamo sentito risuonare la forza dello "sciopero dai generi". Ci siamo chiest* cosa acca-

sciuto dalla società né in termini economici né simbolici, e finanche quello sessuale svolto dalle sex workers.

Noi tre abbiamo opinioni differenti sul tema della prostituzione ma nell'appello abbiamo incluso tutte, convinte della libertà di scelta e dell'autodeterminazione di ognuna.

Ma di che sciopero si tratta – è stato chiesto – se non è riconosciuto da una istituzione che possa contarci? È vero che se si ferma una casalinga il mondo non se ne accorge, né lei ne risente su un salario che non percepisce, ma è altrettanto vero che se tutte le casalinghe smettessero per un giorno di lavare/cucinare/stirare/pulire forse qualche disagio lo creerebbero alla complessiva messa in piedi del mondo.

In molte, moltissime hanno accolto l'invito, circa mille adesioni[210] nelle prime settimane, ma altrettante hanno sollevato polemiche, alcune femministe sono rimaste piccate per non essere state chiamate a far parte di un ipotetico comitato promotore, mentre noi lo abbiamo escluso dall'inizio per non "fermarci" a discutere sulle virgole e non entrare nel vortice della burocrazia dei movimenti. A torto o ragione, ci siamo assunte la responsabilità di proporlo come singole sconosciute, dicendoci umilmente che, se non fosse decollata, l'avventura si sarebbe potuta fermata lì. Invece, nel bene e nel male, la reazione c'è stata e ha destato risposte in diverse città – da Trento a Reggio Calabria, da Terni a Napoli, da Udine a Firenze – in particolare abbiamo avuto un forte sostegno dai movimenti femministi di Bologna e Catania, Milano è stata silente e a Roma è stato molto faticoso tenere insieme le diverse anime, molte non si sono proprio viste.

---

drebbe se, dentro ai mille rivoli della precarietà diffusa in cui è frammentato il lavoro, dentro al lavoro sessuale, al lavoro di cura retribuito e non, praticassimo uno sciopero dai generi, cioè uno sciopero da tutte le aspettative, ripetizioni, atti, ruoli con cui quotidianamente (ri) produciamo l'ordine costituito dei generi e con esso l'ordine costituito tout court», in *Spunti di riflessione dalle reti transfemministe queer*, documento per il seminario dal titolo *Sovvertire il presente, reinventare l'Europa: una nuova politica per il comune*, Passignano sul Trasimeno, 5-8 settembre 2013.

210   Fra le adesioni ci sono state anche quelle di diversi uomini consapevoli e impegnati contro la violenza.

In molte cittadine più piccole sono nati gruppi locali per mettere in piedi in ogni territorio il proprio 25 novembre, declinato in autonomia con un comune slogan "ScioperòNonBasta", a sottolineare che al gesto simbolico segue un percorso da riempire di contenuti e progetti.

Questa logorata parola, "Sciopero", ha creato scompiglio, è stata contestata perché, intesa solo come strumento di protesta sindacale, non si capiva quale fosse la controparte tecnica a cui rivolgere le eventuali proteste o richieste e quindi si è dubitato della sua possibile efficacia – la nostra risposta è stata: perché no? tutta la società, e la cultura che esprime, è la nostra controparte.

L'appello, ci hanno detto altre, è troppo generico e non c'è una piattaforma di rivendicazioni, non si parla di welfare, di precarietà, di diritti, di capitalismo; non viene nominato abbastanza il femminismo e non è una iniziativa separatista. Altre ancora non volevano essere definite come madri, sorelle, farmaciste, studentesse, professoresse, etc., argomentando che farlo significa identificare le donne sempre in riferimento a qualcun altro. D'altro canto, c'è stata chi ha mosso critiche relative alle modalità proposte (quindici minuti di interruzione nei luoghi di lavoro, iniziative in luoghi pubblici, esposizione di un drappo rosso alle finestre) affermando che andava chiesto al sindacato la proclamazione di almeno una giornata intera di sciopero nelle fabbriche e negli uffici.

Non solo osservazioni distruttive, quindi, ma anche appunti per rilanciare e alzare la posta del conflitto.

Abbiamo accolto e discusso fra noi tutti i commenti e le critiche (abbiamo ricevuto migliaia di mail in pochi mesi, oltre a telefonate, incontri, discussioni) e dopo il decreto legge uscito ad agosto 2013, contenente alcune misure sul femminicidio, abbiamo elaborato un documento politico dal titolo *Le parole che vogliamo*:

Una donna uccisa ogni due giorni non è una questione di ordine pubblico, ma una ferita aperta nella società civile. Lucia, Antonella, Maria Grazia, tanto per citare le ultime della lista, sono state ammazzate dall'ex fidanzato, dal marito e dal compagno nei giorni successivi al decreto varato dal governo il 9 agosto scorso. La prova che misure soltanto repressive, non sono la soluzione del problema perché il femminicidio non ha natura emergenziale ma sistemica. Per questo occorrono, e con urgenza, iniziative di sensibilizzazione e prevenzione, finanziamenti ai centri antiviolenza, campagne istituzionali e mediatiche che mettano al bando ogni giustificazione e sottovalutazione del fenomeno. E che, soprattutto, favoriscano la percezione delle donne non come vittime e soggetti deboli bisognosi di tutele, ma persone a tutto tondo da sostenere contro antiche imposizioni patriarcali, in grado di autodeterminarsi e scegliere liberamente il proprio modo di vivere.

Per questo rilanciamo con ancora più fermezza l'appello allo "Sciopero" delle donne per il 25 novembre prossimo, convinte che solo un'azione forte possa indurre il nostro paese a una riflessione seria sulle relazioni tra i generi, sul potere e le sue dinamiche di sopraffazione.

Uno "Sciopero" generale e generalizzato contro il femminicidio per ridare peso alla politica delle donne, riprendere in mano le pratiche e i percorsi dei femminismi che in questi anni hanno lavorato sulle molteplici forme della violenza e dare un segnale chiaro e inequivocabile riconoscendo che solo una cultura antirazzista, antifascista e non sessista può produrre un nuovo modo di pensare e vivere le relazioni fra i sessi.

Uno "Sciopero" che affermi di un nesso imprescindibile fra lavoro/cura/precarietà/reddito, rivendica la maternità come una scelta, rifiuta il ricatto delle dimissioni in bianco e afferma che anche la salute del corpo delle donne è un diritto che non può essere in balìa di ideologiche e strumentali obiezioni.

Uno "Sciopero" che chiede che non venga mai meno il rispetto per le differenze, la laicità dello Stato e la lotta contro tutti i fondamentalismi etici, religiosi e politici e che chiede piena cittadinanza per le donne migranti che vivono nel nostro paese in nome di una cultura laica dell'accoglienza, della condivisione e della solidarietà.

Uno "Sciopero" che pretende dalle istituzioni, dai mass media e dalla società tutta che si facciano carico della quotidiana ed inesorabile furia omicida contro le donne che non accenna neanche per un giorno a fermarsi perché frutto di una cultura, violenta e sessista.

194

Uno "Sciopero", infine, come azione profondamente politica, la sola che può restituire il diritto alla felicità che tutt@ ci meritiamo.

Aderisci allo "Sciopero" delle donne e degli uomini che saranno loro accanto, per un mondo più giusto da consegnare alle future generazioni.

Con questo scritto, in alcuni casi, abbiamo chiarito la nostra "carta d'identità" e fugato i maggiori dubbi. Ad esempio, si è compreso che la richiesta di sciopero era rivolta solo alle donne, senza con questo escludere gli uomini dal processo di trasformazione generale futura; in altri casi, è rimasta la diffidenza per un'iniziativa nata e cresciuta dal basso, con una rete nazionale germogliata in pochi mesi senza testimonial eccellenti, senza risorse se non l'energia e la passione spesa da tantissime donne che come noi hanno creduto nell'idea e hanno provata a realizzarla, non senza un discreto successo in molte città.

Dai guanti rossi di Terni alle sagome di CarLotta rEsiste[211] a Imola, dai flashmob di Milano, Caserta, Cuneo, Civita Castellana e Perugia al presidio di Catania davanti al tribunale in ricordo di Stefania Noce, dalle iniziative nelle scuole di Torre del Greco, Cesena e Bari – perfino sugli schermi degli aeroporti di Bari, Brindisi e Foggia sono stati mandati in onda gli slogan dello Sciopero – ai momenti di teatro, letture e artisti di strada, ovunque migliaia di persone hanno testimoniato la loro presenza con il colore rosso della protesta, non certo del sangue[212].

L'entusiasmo è contagioso e la generosità di molte compagne – prima fra tutte Anarkikka[213] con i suoi disegni e il logo per le magliette

---

211   CarLotta è una donna di cartone che raccoglie le storie di molte donne: occupava un posto al ristorante, sull'autobus, a scuola, in biblioteca, nei luoghi pubblici di una città, uno spazio fisico che le apparterrebbe ancora se… un uomo, marito, padre, amante, fidanzato, figlio, fratello, sconosciuto, non avesse deciso di porre fine alla sua vita. Il 25 novembre le sagome di Carlotta sono state disseminate per la città. La sua storia è online su www.facebook.com/carlottaresiste. Cfr. anche la campagna http://postoccupato.org/.

212   Racconti e video dalle città sono su www.scioperodelledonne.it.

213   Stefania Spanò in arte Anarkikka ama definirsi IllustrAutrice, vedi http://illu-

195

– ha permesso che il 25 novembre 2013 in molte piazze, da Nord a Sud, risuonassero quelle parole che in tante vogliamo: autodeterminazione, rispetto, laicità, cultura e linguaggi non sessisti, libertà di scelta, diritto al reddito e alla felicità per tutt@.

Eppure, la parola e pratica dello "Sciopero" si è rivelata scomoda negli stessi luoghi ove lo sciopero – inteso come strumento sindacale – avrebbe dovuto essere di casa. Molte le sindacaliste che si sono impegnate in prima persona nei territori ma – nonostante l'adesione con una lettera della segretaria generale delle Cgil, Susanna Camusso, e delle donne del direttivo nazionale – il più grande sindacato italiano ha poi scelto di non indire l'astensione nei luoghi classici di produzione. Le iscritte Cgil per prime sono rimaste scontente di questa decisione, soprattutto le tante che avendo aderito all'iniziativa si sono poi trovate sprovviste di copertura sindacale, rischiando richiami o mobbing. Non per questo altre hanno rinunciato all'idea: alla N&W Global Vending di Valbrembo (Bergamo), oltre mille dipendenti e tra le maggiori realtà metalmeccaniche della provincia, è stato indetto dalla Rsu Fiom Cgil uno "Sciopero delle donne – 8 ore – intera giornata".

La varietà di posizioni non è dunque mancata, inclusa quella di alcuni movimenti femministi più radicali, contrari invece al coinvolgimento del sindacato perché non accettano nessuna mediazione con chi rappresenta il sistema istituzionale[214].

Impresa ardua, dunque, quella di coinvolgere le varie anime del movimento delle donne e dei femminismi in un progetto che mette in gioco la presa di distanza da competenze, emozioni, sentimenti, relazioni, attività con cui abbiamo a che fare ogni giorno.

---

strautrice.blogspot.it/.

214   Anche se poi, a differenza dei confederali, i sindacati di base Usi e Slai Cobas per il sindacato di classe hanno indetto lo sciopero nelle scuole, nelle cooperative sociali e di servizi, in alcune fabbriche e negli ospedali. Vedi http://femminismorivoluzionario. blogspot.it/.

Ho scelto di raccontarla non per autocelebrazione ma per nominare i limiti e le potenzialità, il desiderio e le contraddizioni, i rischi dello spontaneismo e la palude delle strategie, la voglia di scompigliare le carte e la resistenza del potere, anche quando ad esercitarlo sono donne provenienti da una storia simile alla nostra.

Il sasso lanciato in aria è stato raccolto, non è caduto in fondo allo stagno e con gioiosa fatica, come sempre quando c'è di mezzo l'impegno politico, ha dato vita ad un nuovo percorso comune.

Non lo abbiamo deciso noi, ma le migliaia di adesioni arrivate in cinque mesi e il lavoro che ancora portano avanti i gruppi locali nati per l'occasione, segno evidente che abbiamo semplicemente intercettato una di quelle fasi in cui riemerge la politica delle donne, tutte insieme continueremo ad andare controcorrente e sarà Scio... però permanente.

Capitolo 19
Il futuro.
Tessere trame fra native e migranti

«Nonostante tutte le prove di pratiche culturali che
controllano e subordinano le donne, nessuno
dei più importanti difensori dei diritti multiculturali di gruppo
ha affrontato adeguatamente o semplicemente tematizzato
in maniera diretta le imbarazzanti connessioni fra genere e cultura,
o i conflitti che sorgono così comunemente
fra multiculturalismo e femminismo».
Susan Moller Okin[215]

Nel centro di Imola, vicinissimo piazza Matteotti, camminando senza fretta ci si imbatte in un grande portone di legno, al di là di esso con pochi passi si è nel cortile interno. Al centro un vecchio pozzo e una atmosfera calma, ma basta uno sguardo veloce per capire che dentro si muove operoso un mondo di persone. La vecchia casa signorile, rimessa a nuovo, ospita i locali del Centro interculturale delle donne di Trama di Terre: al piano terra ci sono le stanze che ospitano gli uffici, la biblioteca, la sala riunioni e quella per i corsi di lingue, lo spazio per bimbi e bimbe e poi ancora la "cucina abitata", completamente rinnovata, dove con il bel tempo ci si può incontrare, scambiare esperienze e socializzare gustando ricette da tutto il mondo.

Al piano di sopra c'è il Centro antiviolenza, mentre sparsi per la città ci sono gli appartamenti per l'accoglienza abitativa e due case protette per le donne che subiscono violenza.

---

215   Susan Moller Okin (1946-2004), femminista e filosofa.

Nell'ultimo anno e mezzo, Trama ha aperto anche l'unico rifugio in Italia per le ragazze, spesso minorenni, sottratte ai matrimoni forzati che sono in aumento in tutta Italia.

È un luogo caldo, Trama, non sembra quasi di stare nella provincia nebbiosa, si respira aria mediterranea, c'è un po' di confusione nello svolgimento del lavoro perché chiunque può passare anche solo per uno sfogo momentaneo.

È un luogo di e per le donne aperto a tutta la cittadinanza, o come preferiscono definirlo le dirette interessate "un luogo nel-per-della città" che fa politica e costruisce saperi e cultura, attraverso l'incontro tra donne native e migranti, circa seicento ogni anno. L'associazione è in contatto con le scuole del territorio, organizza periodi di stage per le studentesse che finiscono il liceo a indirizzo psicopedagogico, ed è diventata punto di riferimento anche per donne provenienti da altre regioni.

Un osservatorio privilegiato per esaminare con consapevolezza le tematiche delle migrazioni, perché da sempre "le donne sono il campanello d'allarme su ciò che accade nella società in termini di discriminazioni, violenze e razzismo" scrivono le donne di Trama nella loro presentazione.

Trama è probabilmente oggi l'unico centro interculturale di donne in Italia che è riuscito anche a essere una piccola impresa di promozione sociale con, accanto alla vita associativa, cinque persone assunte. Circa ottanta socie di oltre venti nazionalità partecipano alle diverse iniziative e grazie al volontariato di circa una ventina di loro è possibile tenere in piedi la segreteria, il centro, i corsi di italiano e tutto il resto. Fra di loro, una decina di donne di origine straniera, alcune svolgono il lavoro di mediatrici culturali, come Ikram, Malika e Maryam, altre frequentano Trama per le varie attività:

Qualche giorno fa è tornata una di loro dopo cinque mesi in Marocco ed era tutta contenta, mi ha detto che le mancavano addirittura le riunioni – racconta Franca, volontaria e grafica di professione – in questi anni ho visto passare diverse generazioni, in un periodo generale di riflusso hanno trovato uno spazio per dialogare.

Trama nasce nel 1997, quando Nabila, algerina, e la veneta Tiziana, l'attuale presidente, hanno scommesso sul difficile incontro, in Italia, fra donne native e migranti. Lo hanno fatto negli stessi anni in cui, con l'ascesa di partiti come la Lega, crescevano sentimenti razzisti e di intolleranza e nei luoghi delle donne si parlava tanto delle donne straniere, soprattutto fra chi studiava i femminismi non occidentali, ma spesso eravamo solo noi italiane a parlare, piuttosto che farlo con loro.

Nel 1994 a Torino nasce l'associazione AlmaTerra[216], fra le promotrici nel 1996 del primo forum dal titolo "Immigrate, native, cittadine del mondo", e Trama è un po' il frutto di quella iniziativa, da cui non germogliarono tutti i fiori sperati[217].

Più volte, infatti, negli ultimi anni si è parlato del nesso fra razzismo e sessismo, dei danni che il multiculturalismo[218] – che riflette prati-

---

216   Per la storia di AlmaTerra: http://www.almaterratorino.org.

217   Cfr. Bianca Pomeranzi, femminista storica e attuale rappresentante italiana nel Comitato per l'eliminazione di ogni forma di discriminazione contro le donne (Cedaw) dell'Onu, a distanza di dieci anni dal forum di Torino sosteneva che: «L'azione delle "native" – per tornare al titolo di un convegno femminista sull'emigrazione organizzato a Torino più di dieci anni fa – dovrebbe essere quella di mettere in luce l'insostenibilità di quel "patto patriarcale" per tutte le donne che vivono in questo paese. [...] Cercare di affrontare il problema delle violenze di sesso e di genere in questo nuovo contesto globale impone di mettere in luce l'esperienza delle donne, native e migranti, nel Nord come nel Sud del mondo, per smascherare le connivenze e le gerarchie tra patriarcati. Solo così avremo una possibilità di superare la concezione liberale del multiculturalismo: attraverso una politica delle relazioni e della conoscenza, capace di fornire le basi per una convivenza tra diversi che non offenda i corpi e i desideri di nessuno». In «Liberazione» del 9 settembre 2006.

218   Il termine multiculturalismo viene usato nel caso di società in cui convivono culture differenti, ma è anche utilizzato in senso normativo per indicare le misure intraprese dai governi nel corso degli anni per creare coesione sociale fra gruppi etnici diversi. Uno dei suoi limiti è di essere un processo dall'alto in basso, per questo si preferisce ragionare in termini di intercultura che rimanda ad un progetto comune di crescita, con l'incontro attivo tra persone di culture differenti, aperte al dialogo e alla reciproca trasformazione. Trama di Terre ha festeggiato il suo decennale nel 2007 con incontro internazionale a Imola (7-9 dicembre) dal titolo "Il multiculturalismo fa male alle donne?".

che patriarcali e maschiliste – ha fatto alle donne migranti, costrette a subire, in nome del relativismo culturale, presunti diritti del gruppo etnico di appartenenza, anziché poter esercitare in primo luogo i loro diritti come donne. Molto meno si è cercato il coinvolgimento reale di donne provenienti da altre culture, con altre storie e altre idee. Molti dei collettivi nati nei primi anni Duemila, pur avendo messo a fuoco perfettamente lo scarto fra native e migranti, nella pratica non sono riuscite, neanche nelle grandi chiamate in piazza, a coinvolgere pienamente associazioni di straniere o singole donne immigrate.

C'è indubbiamente una disuguaglianza profonda che segna i rapporti fra native e migranti. Quest'ultime anche quando vivono e lavorano in Italia da tempo, perfino quando sono divenute cittadine italiane, sono sempre viste come possibili fuorilegge, come racconta Khadija, che fa parte del direttivo e del nucleo storico di Trama: ha quarant'anni è arrivata dal Marocco a Imola che ne aveva diciotto, porta il velo che copre solo capelli e collo, l'*hijab*, e ancora i carabinieri quando la fermano con la macchina, oltre patente, libretto e carta d'identità (in cui c'è scritto che è cittadina italiana) le chiedono il permesso di soggiorno. Se non è ignoranza, è malafede. E se fosse una barzelletta non fa ridere.

Khadija non ha dubbi: pensa che anche se di passi avanti ne sono stati fatti, sua figlia, nata e cresciuta a Imola, tecnicamente una giovane di seconda generazione, avrà sempre uno sguardo obliquo posato su di lei. Eppure, i dati parlano chiaro, la presenza marocchina in città è consistente, è la più numerosa all'interno di un 9 per cento di popolazione immigrata. Con il suo lavoro di mediatrice, Khadija sfida una comunità che la mette in discussione di continuo, anche perché in molti nuclei familiari solo gli uomini parlano italiano e quando ci sono casi di violenza il suo lavoro è fondamentale per sostenere donne analfabete, che spesso stanno chiuse in casa e che non sanno nulla dei loro diritti, di politica e femminismo. Khadija è arrivata dal Marocco digiuna di politica delle donne, ha incontrato a Trama il pensiero e i saperi femministi e li vive come «una

esperienza nuova, bella e interessante, ma io non sono femminista perché a me non interessa la politica».
Eppure a sentirla parlare del suo lavoro non si direbbe.

Non pensi che il modo in cui svolgi la mediazione, l'approccio che hai nella tua delicata professione, siano di fatto anche una scelta di campo politica, una pratica femminista?
No, sono due cose separate. A me piace il mio lavoro ma non faccio politica.

Risponde convinta Khadija, senza persuadere noi che l'ascoltiamo.
Il punto, interviene Tiziana, è che bisogna trovare parole diverse per comunicare, perché c'è una enorme sproporzione, per esempio, fra noi e loro nell'uso del termine politica:

> Su questo Trama lavora da sempre, perché se la mediatrice culturale non accoglie il tuo progetto e la tua visione sulla libertà e autode-terminazione delle donne, non puoi lavorare insieme. Questo non significa imporre il nostro modo di fare, ma trovare una modalità comune che abbia un approccio condiviso. Anche molte donne italiane che passano per Trama non sono femministe ma vengono messe di fronte al fatto che qui c'è il femminismo della pratica, si lavora con le donne e lo si fa pensando che sono soggetti alla pari, non delle vittime da assistere. Le migranti sono state molto brave a trasformare i luoghi in cui stanno – gli ospedali, i consultori – a portare lì tutto quello che avevano appreso qua, come il partire da sé, la riscoperta dell'autostima, del proprio stare al mondo.

Formazione femminista permanente si direbbe: anche per chi fa volontariato è importante conoscere le leggi sulle questioni delle donne, delle migrazioni e del lavoro, il panorama dei femminismi italiani e i loro rapporti con il mondo più istituzionale perché, chiosa Tiziana

202

i centri antiviolenza, nati dal movimento delle donne degli anni Settanta, devono contraddistinguersi per l'approccio che hanno rispetto alle donne e alle pratiche di relazione che mettono in campo, non perché stanno in una rete più o meno nazionale e istituzionale.

Fin dagli inizi, l'idea delle fondatrici di Trama, espressa in una loro nota, è stata quella di

trovare un punto di condivisione fra donne arrivate da tutto il mondo che non sia né solo il genere (perché non tutte le donne sono uguali e non con tutte si può vivere un'esperienza di emancipazione), né solo l'essere migranti (perché l'incontro deve avvenire anche con le native e perché la migrazione inizialmente spezza l'identità e ti rende più debole). Le donne migranti, nella lotta per l'accesso alle risorse materiali e simboliche, si trovano molto spesso ad affrontare una duplice vulnerabilità: da un lato non essere titolari di cittadinanza le porta a godere di meno diritti e di essere sempre a rischio di cadere nell'irregolarità; dall'altro lato, come le native ma talvolta in forme più estreme, sono vittime di ruoli che vengono loro attribuiti da una concezione patriarcale delle famiglie e delle comunità di origine: la brava moglie, la brava madre, la brava figlia. Con tutto il portato di violenze che ne consegue quando una donna decide di ribellarsi. È in questo spazio di ribellione e di ricerca di autonomia che si colloca Trama di Terre, nella resistenza alle identità imposte: imposte dal razzismo ancora molto presente nella società italiana e anche da chiunque, in nome di tradizioni, religioni o culture, tenti di relegare le donne in ruoli che limitano il pieno godimento delle loro libertà e dei diritti tanto faticosamente conquistati[219].

Trama questa mediazione l'ha cercata, per cui non è richiesto nessuno pedigree femminista all'entrata, ma il patto per chi ci lavora è che prima o poi si devono incrociare la pratica e i saperi femministi; se ci si sente a disagio, si va altrove. La domanda fondamentale po-

---

219   Vedi http://www.tramaditerre.org/.

sta ad ognuna non è se ti piace o meno il femminismo ma: "Cosa rappresenta per te il femminismo".

Il partire da sé e dal proprio sguardo sul mondo resta condizione necessaria per tutte, anche per le più piccole come Giulia, imolese di madre sudamericana, che ha cominciato giovanissima (attorno ai tredici anni) a frequentare Trama, dando una mano con i bambini e le bambine delle donne immigrate. Ora ha diciotto anni e vorrebbe fare antropologia all'università, anche se – racconta – qualche signora le consiglia di non perdere tempo a studiare, ha un bel viso, potrebbe fare la modella.

Lei invece preferisce ballare a Trama in preparazione dell'One Billion Rising[220], partecipare alle riunioni e cercare di coinvolgere anche le sue coetanee:

> Non è facile, alcune mi offendono e usano la parola femminista come un insulto. Mi sono sempre difesa dicendo loro che stanno parlando del nulla perché non sanno cos'è il femminismo, anzi quando glielo chiedo mi rispondono che le femministe vogliono più potere degli uomini ed essere superiori a loro. Ovviamente non è così, in questi anni mi sono letta Simone de Beauvoir e altre autrici simili, evito di citargliele altrimenti si allontanano di più. Cerco di spiegarglielo partendo dai nostri problemi, dal nostro corpo, dal fatto che – sembrerà strano – ma il sesso è ancora un tabù, perché fra di noi ne parliamo tanto, ma non fra noi e gli adulti, quelli a noi più vicini. Un giorno è arrivata una compagna che ridendo ci ha detto che forse era incinta. Le ho chiesto se avesse mai preso in considerazione di prendere precauzioni e mi ha risposto di no, perché non poteva parlarne con la sua mamma! Ho faticato a farle capire che poteva andare da sola, a quasi diciotto anni, da una ginecologa!

---

220   Vedi nota 41, cap. 2.

Le voci di Trama sono tante, timbri e tonalità differenti, alcune donne parlano con la foga che appartiene al loro corpo, altre hanno un suono più esile e sussurrato, come nel caso di Silvia, ventinove anni; da quattro lavora a Trama come responsabile del centro interculturale, dopo aver fatto una tesi sul femminismo afroamericano degli anni Settanta:

> Mi era piaciuta molto la loro prospettiva di intrecciare sessismo, razzismo e classismo, cercavo un luogo dove questo sguardo fosse agìto. Qui, a volte, ho la sensazione che ci sia addirittura troppa pratica, perché c'è tanto lavoro da fare, a volte manca il tempo di fermarsi a riflettere su quello che facciamo. Il lavoro a Trama richiede molto impegno e coinvolgimento: non solo il personale è politico ma c'è anche il lavorativo che è politico e diventa un'arma a doppio taglio, perché invade il personale, ci portiamo troppo lavoro a casa in termini emotivi. Ecco forse l'aspetto più faticoso è tenere insieme lavoro e politica.

Concorda con questa idea anche Alessandra, trentatré anni, arriva da Bologna e lavora part time per il centro antiviolenza di Trama come operatrice:

> È vero, quando il politico coincide con il lavorativo si creano non pochi conflitti. Però io preferisco molto di più il lavoro qui, rispetto a quello che faccio a Bologna in un ambiente misto. Nonostante le difficoltà che ci sono a Trama – siamo poche e le mansioni a volte si accavallano – è molto più stimolante il confronto con le donne, all'altro lavoro per i colleghi maschi sono sempre la rompiscatole perché esigo il rispetto dei generi e una prospettiva di genere.

Alessandra arriva con una forte esperienza di politica femminista, ha iniziato alla Biblioteca italiana delle donne[221] quindici anni fa tramite la scuola e ha respirato l'aria delle femministe storiche, "delle zie" come piace definirle a lei, ha lavorato con Donne fuori, associazione che si occupava di donne in carcere e migranti, poi si è ritrovata dentro Atlantide[222] – uno spazio autogestito bolognese – con il collettivo di donne, femministe e lesbiche "Quelle che non ci stanno" che lavora molto sulla violenza.

> Alla fine sono arrivata qui con tutto il mio bagaglio, non conoscevo umanamente le donne di Trama ma sapevo qual era la loro politica e mi piaceva l'approccio del lavoro condiviso con le donne migranti. Spesso nei luoghi femministi si parla tanto di migranti e poi non le incontri, non hanno mai un volto.

Oltre all'accento bolognese, di Alessandra colpisce la grande consapevolezza unita all'ironia e all'insistenza sulla politica fatta con piacere, nota ricorrente della sua generazione.

A Trama, per caso, è invece arrivata Annaviola, originaria di Faenza. La più anziana fra le giovani, in termini di lavoro, anche lei trentenne ma la più schiva del gruppo. Si occupa dell'accoglienza abitativa per donne sole o con bimbi a carico, che non arrivano necessariamente da storie di violenza ma più in generale di disagio:

---

221   La Biblioteca nasce a Bologna alla fine degli anni Settanta come parte del Centro di documentazione, ricerca e iniziativa delle donne, grazie a un progetto elaborato dall'Associazione Orlando, promossa da donne attive nella ricerca e nella politica. In Italia è la più importante biblioteca specializzata in cultura femminile, studi di genere e femminismo. Possiede un patrimonio di circa 40.000 volumi di cui oltre 35.000 già inseriti nel catalogo unico del Sistema bibliotecario nazionale, e 495 periodici di cui 50 attivi. Vedi http://bibliotecadelledonne.women.it.

222   Atlantide è la sede di gruppi bolognesi femministi, lesbici, gay, queer e punk dal 1998. Vedi http://atlantideresiste.noblogs.org/

Quando sono arrivata a Trama il mio interesse era più per l'aspetto interculturale che di genere. Ho sempre lavorato nel sociale e fatto politica, ma anni fa non mi sentivo femminista, il mio pensiero era "dove c'è una ingiustizia, mi colloco". Eppure avevo sentito eccome parlare di femminismo, ricordo i pianti quando mia madre, attivista, mi portava con lei e sentivo parlare del ritorno delle streghe. Non capivo queste chi fossero, dove fossero. Dal 2002, e per oltre dieci anni, ho partecipato alle attività del centro sociale di Faenza, Capolinea, e lì mi sembrava anacronistico parlare di femminismo. Quando sono arrivata c'erano due ragazze e una quindicina di maschi, poi siamo aumentate e abbiamo iniziato a mettere in discussione la leadership maschile, ma più nel senso che non volevamo essere considerate inferiori, se c'era da montare un tavolo volevamo farlo anche noi. Nel 2003/2004 abbiamo creato un gruppo che volutamente abbiamo nominato come femminile non come femminista e lo abbiamo chiamato "La bella è la bestia".

Perché questa resistenza al femminismo?
Era un atteggiamento ingenuo, ci dicevamo "gli anni Settanta sono finiti", non eravamo neanche separatiste e alle riunioni venivano anche i compagni – prosegue Annaviola – dopo un po' ci siamo disgregate. Ho capito solo qui a Trama che cosa era successo, non riuscivamo a nominare quello che volevamo fare, ossia la lotta al machismo presente in quel luogo, ma anche in altri posti occupati e autogestiti che frequentavamo abitualmente e non erano immuni da dinamiche sessiste. Trama ha cambiato profondamente il mio sguardo, adesso mi definisco femminista ma in generale evito le etichette. Mi dicono che sono anarchica, sono Anna Viola e basta, sicuramente libertaria mi si addice di più. Con la pratica che facciamo qui a Trama ho capito una cosa importante, ossia che oggi la parola femminista ha ancora un valore, soprattutto nell'intreccio con le donne migranti, nel confronto con loro.

Tiziana, la "capa", lo dice sottovoce ma è orgogliosa delle sue giovani donne, dell'impegno che ci mettono e del fatto che nonostante la complessità

> Trama è riuscita a trasmettere l'idea che si può fare politica potendo vivere di quello – pagare gli stipendi ogni mese è un nostro punto fermo – senza vergognartene e lavorando con onestà: mantenere questo equilibrio è stancante, richiede rapporti quotidiani con la politica che, come ben sappiamo, non sono propriamente salutari.

Sono proprio questi racconti degli incontri quotidiani con la politica che dànno il "la" per affrontare la questione spinosa: Trama è riuscita a cambiare anche il modo di gestire il potere al suo interno? È avvenuto il passaggio di testimone fra storiche e più giovani? O anche qui c'è un nodo irrisolto, che gira sempre attorno alla solita domanda: sono le più grandi a non passare lo scettro o le più giovani a togliere la mano?

Il clima si raffredda un po' ma Alessandra rompe il ghiaccio:

> Ho fatto il tirocinio alla Casa delle donne di Bologna e anche lì ho avuto la sensazione che sia un argomento che si discute da almeno dieci anni nei vari femminismi che ho attraversato. Io credo ci sia un problema di delega, ma di diverso qui a Trama c'è almeno la trasmissione di saperi, questo non è poco, e Tiziana tende a coinvolgerci molto.

Rivolgere la domanda alla presidente è d'obbligo: "Allora perché non deleghi?".

«Secondo me, lo faccio abbastanza, potrei fare di più se le ragazze si assumessero più responsabilità», risponde senza esitare Dal Pra. Ma anche questo è un leitmotiv che ritorna perfino nei luoghi di lavoro più istituzionali: dove all'apice ci sono donne delle vecchie generazioni, è forte la convinzione che siano le giovani donne a non voler prendere in mano il testimone. È vero?

208

Per me un po' lo è – afferma con serenità Silvia – non voglio prendermi tutta la responsabilità che, ad esempio, una donna come Tiziana è capace di prendersi in una volta sola, pagando un prezzo troppo alto in salute e in stress. Per me il passaggio generazionale non deve essere "da uno a uno" ma "da uno al gruppo" che collettivamente condivide oneri e responsabilità. Credo che la difficoltà sia nel fatto che la loro generazione ha sfondato in maniera individuale, per molte/i di loro è stato un progetto di vita e politico insieme, per noi non è così. È un processo in fieri, tutto da immaginare.

Effettivamente, ragioniamo assieme, la questione dei soldi e dell'impresa non è cosa da poco: ma neanche può diventare un ostacolo insormontabile, incalza Tiziana: «Perché, in una situazione come la nostra, dovrebbe essere più disponibile a mettere la firma in banca una volontaria, che magari non lavora più e non ha neanche una grande pensione, piuttosto che chi lavora con regolare contratto?». Forse, suggerisce Annaviola, perché «siamo la generazione delle perenni stagiste, che abbiamo sempre da imparare. Un po' è il contesto che ha creato questa situazione, un po' l'abbiamo fatta nostra e proviamo molta insicurezza». Anche perché, aggiunge Alessandra, «in molti casi quando sei più giovane neanche sei preso in considerazione, con la conseguenza che alcuni ambienti di lavoro invecchiano tantissimo ed è un problema per tutta la società».
C'è il rischio che questo accada anche in un luogo di lavoro e pratica femminista? Da dove cominciare, dall'organizzazione del lavoro e delle competenze o da un maggiore equilibrio fra ruolo pubblico e ruolo amministrativo interno?
Le ragazze tengono a precisare che Tiziana, indubbiamente personalità dal carattere forte e risoluto, non è donna di potere in senso negativo, ma piuttosto ha raggiunto agli occhi della cittadinanza una autorevolezza che loro ancora non hanno, anche se poi il rischio è che Trama venga identificata solo con Tiziana nel doppio ruolo, personale e collettivo. Per questo le donne di Trama hanno iniziato a muoversi in gruppo per andare dal sindaco, in regione o dove c'è da

prendere parola pubblica. Così anche l'esterno inizia a confrontarsi con altri volti, altre personalità e modalità.

È il gioco delle aspettative a frenare, si parte da un livello così alto che si ha paura di non farcela.

Ma, è il caso di dirlo, a chi osserva dall'esterno oltre al sano conflitto non sfugge il desiderio di parlarne insieme, di condividere questa grande contraddizione, di trovare una soluzione affinché Trama possa continuare a tessere le sue tele non come Penelope, in un continuo fare e disfare, ma volgendo lo sguardo lontano, lontano al punto da poter dire che di luoghi come Trama non avremo più così tanto bisogno.

Conclusioni

«Ladies first. Prima le donne.
Ma non per la solita vecchia storia.
Non perché le donne sono deboli e bisognose di protezione.
Al contrario: prima le donne perché sono in grado di dare
il calcio giusto al mondo e rimetterlo in carreggiata».
Maria Rosa Cutrufelli, *D'amore e d'odio*[223]

Mettere un punto alla scrittura è difficile quanto rompere il ghiaccio sulla pagina bianca.

Soprattutto quando l'oggetto del racconto è qualcosa *in fieri* e in continuo movimento e perché da cronista si ha voglia di restare sul "pezzo", non perdere la battuta, l'ultima notizia.

Per narrare una materia che è anche passione e memoria, c'è bisogno di far sedimentare un po', di posare il tempo sulle parole.

È indubbio infatti che alle tante voci che hanno preso parola in queste pagine ne corrispondono altrettante alle quali non si è potuto dare spazio, ma allo stesso tempo ce ne sono diverse che stanno nascendo ora. La rete europea che si è costituita all'inizio del 2014 per sostenere le femministe spagnole nella difesa dell'aborto ha rimesso in moto anche in Italia un bel po' di energie, a partire dalla rete WomenarEurope[224] e dalla campagna *maipiùclandestine#campagna194*[225] proposta da un gruppo di donne che si presenta così:

---

223   Maria Rosa Cutrufelli è una scrittrice e giornalista italiana.

224   Vedi http://womenareurope.wordpress.com/.

225   Vedi http://maipiuclandestine.noblogs.org/, campagna lanciata a Roma il 1°
marzo 2014, anche a Torino si sono mobilitate per "stanare gli obiettori", vedi http://
medea.noblogs.org/.

Noi che scriviamo non abbiamo conosciuto il dramma dell'a-
borto clandestino. Siamo nate dopo il 1978, anno in cui fu approvata la legge "Norme per la tutela sociale della maternità e
sull'interruzione volontaria della gravidanza", più nota come 194
o sbrigativamente legge sull'aborto. Quella legge non fu regalata,
ma arrivò dopo anni di lotte delle donne venute prima di noi,
che sapevano cosa volesse dire abortire nella clandestinità con il
rischio concreto di morire. Il risultato politico di quelle lotte è
stato ottenere che l'autodeterminazione fosse il punto di forza
della 194 e non una concessione; nella legge è previsto che una
donna dica: io decido.

Invece, ieri come oggi, nel nostro paese una donna decide pochis-
simo, sia sulla sua vita riproduttiva[226] che su quella degli altri, visto
che sono pochissime quelle che hanno accesso a posizioni di vertice
o di interesse nazionale.
Eppure è accaduto un fatto inedito nella storia italiana: nei giorni in
cui le femministe e le donne dei movimenti decidono di riprendere
in mano anche l'8 marzo – affinché torni a essere una giornata di
lotta per i diritti e l'autodeterminazione, non la celebrazione di ste-
rili mimose – il governo Renzi nomina otto ministre su sedici. Fra
queste, Marianna Madia del Partito democratico, incinta all'ottavo
mese, è contraria all'aborto e sostenitrice della famiglia naturale[227].
Ma guai a dirlo. Se lo dici non sei solidale con le donne che finalmente hanno accesso al potere maschile. Di nuovo si scivola nel
valore assoluto della femminilità, vale più l'essere donna, in quanto
tale, di quello che dici e che fai.

---

226   Nelle strutture pubbliche i ginecologi obiettori sono passati dal 58,7 per cento
nel 2005, al 70,5 per cento nel 2007, fino al 70,7 per cento nel 2009, raggiungendo picchi
dell'80 per cento nelle regioni meridionali e nel Lazio si arriva a oltre il 90 per cento. Cfr.
Laiga, Libera associazione italiana ginecologi per applicazione legge 194, www.laiga.it.

227   Dichiarazioni rilasciate in una intervista a Piero Vietti, online su http://www.
ilfoglio.it/soloqui/79.

Si obietta che non è lei la ministra alle pari opportunità, ma qualche dubbio, sul fatto che in un momento simile forse avremmo avuto bisogno di un'altra donna nella squadra di governo, è lecito. Si è riaperto così il dibattito fra opinioniste, femministe e attiviste, divise fra chi mette al primo posto l'importanza del 50&50 e chi discute di idee, visoni del mondo e assetti di potere in campo; fra chi pone l'accento sull'importanza dello stare dentro le istituzioni e chi ripete che le donne non sono tutte uguali, non tutte sono capaci di dare il calcio giusto e sarebbe arrivato il momento di darlo, di non prendere per buono quello dato da altre, magari di quelle che si sono buttate dietro le spalle la loro vecchia esperienza femminista.

La discussione si è accesa velocemente anche grazie al lavoro sporco fatto dai media mainstream che non hanno esitato un momento, all'indomani dell'insediamento del nuovo governo, nel dare le pagelle sull'abito e il tacco delle otto ministre, rilanciando gossip e commenti sessisti solo su di loro – non una parola sugli uomini. Il timore, fondato, delle femministe più autonome è che siamo dinanzi ad un "femmini(li)smo" di maniera e istituzionale, il quale imbroglia anche il sentire comune, facendoci tornare indietro di decenni se non vengono messe in campo reali risorse economiche e progettuali per contrastare la violenza maschile contro le donne, eliminare le disuguaglianze nel lavoro, le discriminazioni di genere, le politiche familiste nell'accezione vaticana e le rappresentazioni stereotipate dei ruoli femminili.

Queste voci controcorrente non giustificano né i miseri commenti sull'acconciatura, né l'assenza incondizionata di giudizio sugli uomini, come fossero tutti competenti e validi, semplicemente esprimono a viva voce il disappunto per una politica, fatta anche da donne, sorda alle questioni che i femminismi pongono da anni. Il rischio di un maquillage di facciata è dinanzi agli occhi di tutte: peccato che in molte siano così prudenti da pensare che dirlo non fa bene, che sia meglio accontentarsi che lamentarsi, sottovalutando la capacità del più forte di mettere a tacere desideri e diritti;

peccato, davvero, perché si perde l'azzardo di osare, di continuare ad essere *quel soggetto imprevisto*[228] che ha fatto irruzione nella solita Storia raccontata da altri e che non ha mai tenuto conto delle nostre storie, di donne irriverenti e libere.

Febbraio 2014

---

228   Cfr. C. Lonzi, *Sputiamo su Hegel. La donna clitoridea e la donna vaginale e altri scritti*, Scritti di Rivolta Femminile, Milano 1974; C. Lonzi, *Taci, anzi parla. Diario di una femminista*, Scritti di Rivolta Femminile, Milano 1978.

Ringraziamenti

Attorno ai vent'anni ho incontrato il femminismo e ho cambiato decisamente strada. Quella che fino ad allora mi era stata suggerita, seppur con affetto, non era la via migliore per me. Ho raccolto il meglio di quel percorso e l'ho indirizzato nel nuovo, che sento mi appartiene ogni giorno di più.

In questi secondi venti anni ho studiato, lavorato, viaggiato, intrecciato relazioni con tante e diverse persone. Nelle città e nelle case, nelle scuole estive e nelle assemblee, leggendo libri e creando immagini, nelle manifestazioni e nelle vinerie ho incontrato le donne che racconto in questo libro, con alcune di loro ho stretto amicizie preziose, alcune resistono alla distanza geografica: a tutte loro, un grazie di cuore, per i sorrisi e le discussioni, le cene e le polemiche, le risa e le lacrime, le incomprensioni e i chiarimenti, per l'affetto e le passioni condivise.

Grazie anche a quelle che non ho avuto modo di nominare in questa occasione, per mancanza di spazio e tempo, chissà che non sia possibile una seconda puntata.

Un grazie particolare a:
Maria Rosa Cutrufelli, perché senza di lei questo libro non sarebbe stato possibile
Daniele Barbieri, per essere mio amico e maestro di scrittura
Giovanna e Giancarlo, perché senza di loro non sarei arrivata fino a qui

Chiara, per il suo imprescindibile sguardo critico
Maurizio P., perché è stato il primo amico femminista
Andrea, per il futuro che ci aspetta, ricco di zenzero e risate

a Anna di Bologna che in realtà è di Salerno, Alessandra B., Alessandra M., Aurelia, Antonietta, Beate, Cristina detta Kri, Elena, Eleonora *le Parisien*, Elsa, Francesca di Testaccio che vive a Firenze, Francesca di Roma che vive a Londra, Laura, Luciana, Marina, Miriam, Rosa, Sabrina, Silvia P., Simona, Stefania di Venezia, Valeria, alle amiche di ieri, oggi, domani…

a Andrea detto Pesce, Antonio, Dario, Federico, Paolo U., Simone T., Tiziano e tutti gli altri amici maschi, perché mi vogliono bene

Letture consigliate

Per una rassegna sui femminismi contemporanei e sulle tematiche principali dibattute:

T. Bertilotti, A. Scattigno (a cura di), *Il femminismo degli anni Settanta*, Viella, Roma 2005.

A. Cavarero, F. Restaino, *Le filosofie femministe*, Bruno Mondadori, Milano 2002.

S. Marchetti, J.M.H. Mascat, V. Perilli (a cura di), *Femministe a parole. Grovigli da districare*, Ediesse, Roma 2012.

M.S. Sapegno (a cura di), *Identità e differenze. Introduzione agli studi delle donne e di genere*, Mondadori Università, Milano 2011.

Le autrici da cui ho imparato e attinto spunti e suggerimenti sono tantissime, impossibile citarle tutte per motivi di spazio. Oltre a quelli indicati nel testo, di seguito alcuni fra i titoli che hanno sostato a lungo sulla mia scrivania:

G. Anzaldúa, *Terre di confine – La frontera*, Palomar Edizioni, Bari 2000.

H. Arendt, *Vita activa. La condizione umana*, Bompiani, Milano 2001.

H. Arendt, *Le origini del totalitarismo*, Einaudi, Torino 2004.

E. Arfini, *Scrivere il sesso: retoriche e narrative della transessualità*, Meltemi, Roma 2007.

S. De Beauvoir, *Il secondo sesso*, Il Saggiatore, Milano 1961.

C. Barbarulli, L. Borghi (a cura di), *Figure della complessità. Genere e intercultura*, Cuec, Cagliari 2004.

J. Butler, *Scambi di genere. Identità, sesso e desiderio*, Sansoni, Milano 2004.

A. Ceresa, *La figlia prodiga e altre storie*, La Tartaruga, Milano 2004.

A. Ceresa, *Piccolo dizionario dell'inuguaglianza femminile*, Nottetempo, Roma 2007.

E. Cirant, *Una su cinque non lo fa. Maternità e altre scelte*, Franco Angeli, Milano 2012.

L. Conti, *Questo pianeta*, Editori Riuniti, Roma 1983.

M.R. Cutrufelli, *Il denaro in corpo*, Marco Tropea, Milano 1996.

M.R. Cutrufelli, *D'amore e d'odio*, Frassinelli, Milano 2008.

S. Faludi, *Contrattacco. La guerra non dichiarata contro le donne*, Baldini&Castoldi, Milano 1992.

B. Ehrenreich, A.R. Hochschild, *Donne globali. Tate, colf e badanti*, Feltrinelli, Milano 2004.

Maîtresse Nikita, T. Schaffauser, *Fiere di essere puttane*, Derive Approdi, Roma 2009.

R. Morgan, *Il demone amante*, La Tartaruga, Milano 1998.

M.C. Nussbaum, *Creare capacità, liberarsi dalla dittatura del Pil*, il Mulino, Bologna 2012.

S. Ongaro, *Le donne e la globalizzazione. Domande di genere all'economia globale della ri-produzione*, Rubbettino, Cosenza 2001.

L. Passerini, *Storie di donne e femministe*, Rosenberg & Sellier, Torino 1991.

S. Rees, *Il bordello galleggiante*, Garzanti, Milano 2001.

R. Tatafiore, *Sesso al lavoro. La prostituzione al tempo della crisi*, Il saggiatore, Milano 2012.

N. Vassallo, P. Garavaso, *Filosofia delle donne*, Laterza, Roma-Bari 2007.

E poi, tutta l'opera di Toni Morrison, l'arte della gioia e non solo di Goliarda Sapienza, tutta Jeanette Winterson, i racconti magistrali di ALICE MUNRO; FABRIZIA RAMONDINO, CHITRA BANERJEE DIVAKARUNI E VIRGINIA WOOLF, CARLA LONZI E ADRIENNE RICH, NATALIA GINZBURG E GIOCONDA BELLI, ASSIA DJEBAR E MARGUERITE DURAS, SIMONA VINCI e EVA ENSLER.

Infine, da qualche anno è attivo un prezioso sito dove trovare una mappatura in continuo aggiornamento dei femminismi, luoghi delle donne in Italia e molto altro:
http://retedelledonne.org